**11~12 岁**

# 儿童青少年
# 体质健康测试达标
## 教学与训练指南

王雄 ▸ 主编

人民邮电出版社

北 京

## 图书在版编目（CIP）数据

儿童青少年体质健康测试达标教学与训练指南. 11~
12岁 / 王雄主编. -- 北京：人民邮电出版社，2022.3
ISBN 978-7-115-57759-7

Ⅰ. ①儿… Ⅱ. ①王… Ⅲ. ①青少年－体能－身体训
练－指南 Ⅳ. ①G808.17-62

中国版本图书馆CIP数据核字(2021)第221251号

## 免责声明

本书内容旨在为大众提供有用的信息。所有材料（包括文本、图形和图像）仅供参考，不能替代医疗诊断、建议、治疗或来自专业人士的意见。所有读者在需要医疗或其他专业协助时，均应向专业的医疗保健机构或医生进行咨询。作者和出版商都已尽可能确保本书技术上的准确性以及合理性，并特别声明，不会承担由于使用本出版物中的材料而遭受的任何损伤所直接或间接产生的与个人或团体相关的一切责任、损失或风险。

## 内 容 提 要

本书紧紧围绕 11~12 岁儿童在进行体质健康测试训练时存在的实际问题，提供切实可行、简单易学的解决方案。本书首先概述体质健康测试的意义，解读 11~12 岁儿童体质健康测试的项目和标准，阐述他们的身心发展特点和训练注意事项；接着针对 11~12 岁儿童的各项测试（BMI、肺活量、50 米跑、坐位体前屈、1 分钟跳绳、1 分钟仰卧起坐和 50 米×8 往返跑测试），系统、详细地介绍测试的意义、影响因素、规则、要点、典型问题与解决建议、注意事项，以及有助于提升测试成绩的推荐练习；最后提供以 2 周为进阶周期的全学年训练计划，小学教师、儿童体能教练和家长均可参考或直接使用。

◆ 主　编　王　雄
责任编辑　王若璇
责任印制　马振武

◆ 人民邮电出版社出版发行　　北京市丰台区成寿寺路 11 号
邮编　100164　　电子邮件　315@ptpress.com.cn
网址　https://www.ptpress.com.cn
雅迪云印（天津）科技有限公司印刷

◆ 开本：700×1000　1/16
印张：14　　　　　　　　2022 年 3 月第 1 版
字数：386 千字　　　　　2022 年 3 月天津第 1 次印刷

定价：68.00 元

读者服务热线：**(010)81055296**　印装质量热线：**(010)81055316**
反盗版热线：**(010)81055315**
广告经营许可证：京东市监广登字 20170147 号

# 编委会

**主编**　王雄

**编委**　崔雪原、付子艺、王若璇、李潇爽、赵芮、刘也、朱昌宇、何璘瑄、
徐凌、宋俊辰、王晓斐、索冉、周涛

## 专家顾问成员

张　冰——清华大学体育与健康科学研究中心主任，教授，博士生导师

闫　琪——国家体育总局体育科学研究所研究员，奥运金牌运动员体能教练

徐建方——国家体育总局体育科学研究所国民体质与科学健身研究中心主任，研
究员

孙　伟——北京教育科学研究院基础教育教学研究中心课外活动教研室主任

高志清——北京市体育科学研究所副所长，研究员，北京市体育科学学会副秘书长

张欣欣——北京市史家小学副校长，北京市骨干教师，国培计划小学体育骨干教
师培训导师

李　波——北京市东城区教育科学研究院体育教研员，北京市骨干教师，北京市东
城区教学指导委员会体育学科主任

冯　娟——国家体育总局训练局青少年俱乐部田径、体能训练专家，高级教练

姜天赐——中国儿童中心教育活动部副部长，儿童体育兴趣培养专家

彭庆文——怀化学院体育与健康学院院长，教授，幼儿体育活动研究专家

黄　波——华南师范大学体育学院副院长，教授，广东省学生体育艺术联合会游泳
分会秘书长

惠若琪——排球奥运冠军，惠基金发起人，元气排球发起人

范忆琳——体操世界冠军，范忆琳体操俱乐部创始人

陈凤林——广州市第一中学体育教师，高级教师（体育），广州市名教师工作室
负责人，广州市荔湾区体教结合篮球项目总教练

韩　军——深圳市华丽小学校长，深圳市督学，中国青少年近视防控"慧眼工程"
创始人

王宝华——北京市板厂小学副校长，高级教师（体育）

张　旎——北京市十一中学一级体育教师，艺术体操国家一级运动员

吴永新——北京市培新小学体育教师，全国田径中级教练员

卢钦龙——北京市培新小学科研主任、高级教师（体育）、北京市东城区体育学科带头人

彭永胜——北京市育英学校教师，校游泳队总教练，游泳国家一级裁判

董　琦——北京邮电大学体育部副教授，博士，青少年游泳体能训练专家

孙士家——"家源学苑"创始人，"心源家长学堂"公益性家庭教育在线指导平台发起人

谭廷信——华南师范大学科教体育教研组原组长，"惠运动"数字体育平台发起人，惠考中考体育发起人

吴　东——能量学院儿童体能培训机构创始人、首席技术官

刘　派——优思博儿童体育创始人，儿童教研专家

Ken Vick——美国VSP运动表现机构首席专家，美国青少年Spark课程项目技术顾问

Randy Huntington——美国著名田径教练，现中国国家田径队苏炳添等重点队员主教练

# 图片说明

**动作演示模特**　国家体育总局训练局青少年俱乐部成员（拍摄时）：刘子墨、付晨雨、

张凯鑫、张梓葳、吴浚豪

**动作指导**　国家体育总局训练局体能康复中心体能训练师：沈兆喆、崔雪原

**内文图片**　人民邮电出版社有限公司版权所有

**内文图片制作团队**　北京灌木文化发展有限责任公司

**封面照片**　摄图·新视界授权使用

# 在线视频访问说明

本书提供了推荐练习的在线视频，可通过微信"扫一扫"，扫描每章第1页或本页的二维码进行观看。

### ● 步骤1

点击微信聊天界面右上角的"+"，弹出功能菜单（图1）。

### ● 步骤2

点击弹出的功能菜单上的"扫一扫"，进入该功能界面，扫描每章第1页或右侧的二维码。

### ● 步骤3

如果您未关注微信公众号"人邮体育"，扫描后会出现"人邮体育"的二维码。请根据说明关注"人邮体育"，并点击"资源详情"（图2），观看视频（图3）。如果您已关注微信公众号"人邮体育"，扫描后可直接观看视频（图3）。

图1

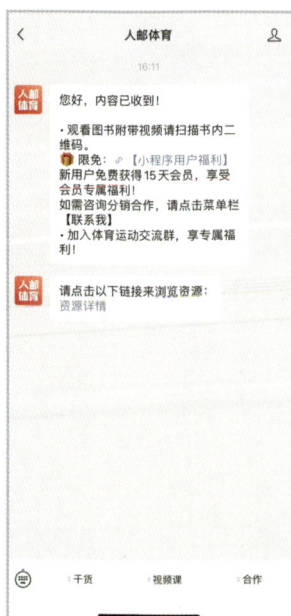

图2

图3

# 目录

# 第 **1** 章

# 认识体质健康测试

《学生体质健康标准》于2002年试行，2007年修改和完善后正式更名为《国家学生体质健康标准》，2014年针对存在的突出问题进行了再次修订，形成了现行的《国家学生体质健康标准（2014年修订）》（以下简称《标准》）。《标准》从身体形态、身体机能和身体素质等方面综合评定学生的体质健康水平，已经成为各学校开展体育训练工作的重要指导性文件。《标准》要求各学校每学年开展覆盖本校各年级学生的测试工作，这些测试也成了大多数学校体育课考试不可或缺的一部分。

《标准》开篇就明确指出了其所具有的重要意义：国家学校教育工作的基础性指导文件和教育质量基本标准；评价学生综合素质、评估学校工作和衡量各地教育发展的重要依据；《国家体育锻炼标准》在学校的具体实施；促进学生体质健康发展、激励学生积极进行身体锻炼的教育手段；国家学生发展核心素养体系和学业质量标准的重要组成部分；学生体质健康的个体评价标准。

接下来，《标准》明确了其适用对象和适用对象的组别划分。适用对象为全日制普通小学、初中、普通高中、中等职业学校、普通高等学校的学生。这些适用对象被划分为以下组别：小学、初中、高中按每个年级为一组，其中小学为6组、初中为3组、高中为3组；大学一、二年级为一组，三、四年级为一组。

《标准》还说明了各个组别的测试项目及评分标准。测试项目的选择充分考虑了个体生长发育的阶段性特征和身体素质发展的敏感期，评分标准则在参阅《国家体育锻炼标准》和部分省、自治区、直辖市"高中体育会考标准"等标准的基础上，根据我国学生体质健康的实际水平，采用百分位数、分段累进计分法等统计方法得出[2]。小学、初中、高中、大学各组别的测试指标均为必测指标。其中，身体形态类中的身高、体重，身体机能类中的肺活量，以及身体素质类中的50米跑、坐位体前屈为各年级学生共性指标。11~12岁儿童多为五、六年级学生。五、六年级学生体质健康测试项目及评分标准详见第4~11页。

## 各年级学生共性指标

| 身体形态 01 | 身体机能 02 | 身体素质 03 |
| --- | --- | --- |
| 身高 体重 | 肺活量 | 50米跑 坐位体前屈 |

《标准》也对测试的学年总分的计算方法和等级评定标准做出了规定。学年总分为标准分与附加分之和，满分为120分。标准分为各单项指标得分与权重乘积之和，满分为100分。附加分根据实测成绩确定，即对成绩超过100分的加分指标进行加分，加分幅度为20分；小学的加分指标为1分钟跳绳，加分上限为20分；初中、高中和大学的加分指标为男生引体向上和1000米跑，女生1分钟仰卧起坐和800米跑，各指标的加分上限均为10分。等级评定标准：90.0分及以上为优秀，80.0～89.9分为良好，60.0～79.9分为及格，59.9分及以下为不及格。

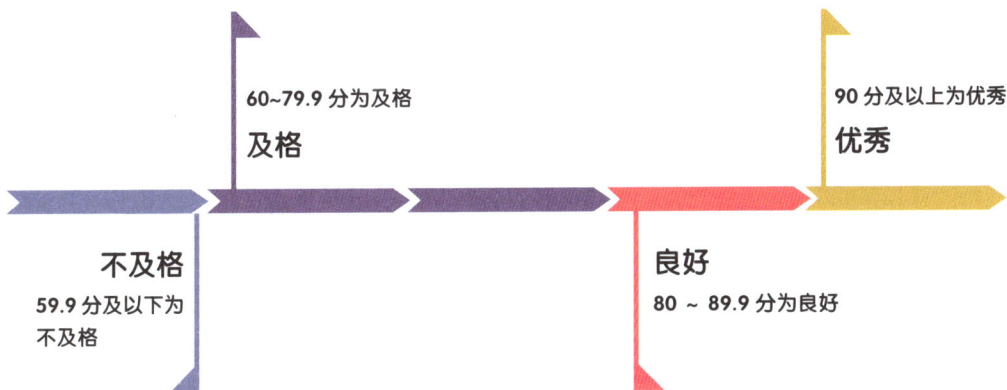

60~79.9 分为及格

**及格**

90 分及以上为优秀

**优秀**

**不及格**

59.9 分及以下为
不及格

**良好**

80 ～ 89.9 分为良好

　　同时，《标准》指出了测试的学年总分对学生的重要影响。每学年测试成绩评定达到良好及以上者，方可参加评优与评奖；成绩达到优秀者，方可获体育奖学分。测试成绩评定不及格者，在本学年度准予补测一次，若补测仍不及格，则其学年成绩评定为不及格。学生毕业时的成绩和等级，按毕业当年学年总分的50%与其他学年总分的平均得分的50%之和进行评定。普通高中、中等职业学校和普通高等学校学生毕业时，成绩达不到50分者按结业或肄业处理。

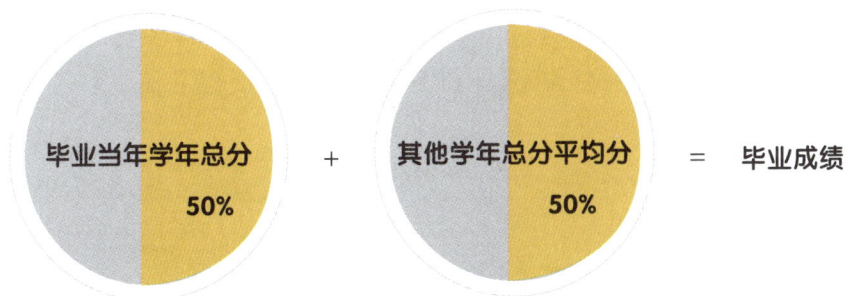

毕业当年学年总分
**50%**
＋
其他学年总分平均分
**50%**
＝
**毕业成绩**

# 五、六年级学生体质健康测试项目及评分标准

五、六年级学生体质健康测试项目共7个：身体质量指数（BMI）、肺活量、50米跑、坐位体前屈、1分钟跳绳、1分钟仰卧起坐和50米×8往返跑。各项测试的得分权重见表1.1，各项测试的评分标准见表1.2~1.8。其中，BMI测试成绩精确到0.1千克/米²，肺活量测试成绩精确到1毫升，50米跑测试成绩精确到0.1秒，坐位体前屈测试成绩精确到0.1厘米，1分钟跳绳测试成绩精确到1次，1分钟仰卧起坐测试成绩精确到1次，50米×8往返跑测试成绩精确到1秒。小学各个年级的高优指标1分钟跳绳测试的加分标准见表1.9。

## 表1.1 五、六年级学生各项体质健康测试项目的得分权重

| 单项指标 | 权重（%） |
|---|---|
| BMI | 15 |
| 肺活量 | 15 |
| 50米跑 | 20 |
| 坐位体前屈 | 10 |
| 1分钟跳绳 | 10 |
| 1分钟仰卧起坐 | 20 |
| 50米×8往返跑 | 10 |

源自：《国家学生体质健康标准（2014年修订）》。

## 表1.2 五、六年级学生BMI测试评分表（单位：千克/米²）

| 等级 | 得分 | 五年级男生 | 五年级女生 | 六年级男生 | 六年级女生 |
|---|---|---|---|---|---|
| 正常 | 100 | 14.4~21.4 | 13.8~20.5 | 14.7~21.8 | 14.2~20.8 |
| 低体重 | 80 | ≤14.3 | ≤13.7 | ≤14.6 | ≤14.1 |
| 超重 | 80 | 21.5~24.1 | 20.6~22.9 | 21.9~24.5 | 20.9~23.6 |
| 肥胖 | 60 | ≥24.2 | ≥23.0 | ≥24.6 | ≥23.7 |

源自：《国家学生体质健康标准（2014年修订）》。

表1.3 **五、六年级学生肺活量测试评分表（单位：毫升）**

| 等级 | 得分 | 五年级男生 | 五年级女生 | 六年级男生 | 六年级女生 |
|---|---|---|---|---|---|
| | 100 | 2900 | 2250 | 3200 | 2500 |
| 优秀 | 95 | 2800 | 2150 | 3100 | 2400 |
| | 90 | 2700 | 2050 | 3000 | 2300 |
| 良好 | 85 | 2450 | 1950 | 2750 | 2200 |
| | 80 | 2200 | 1850 | 2500 | 2100 |
| | 78 | 2110 | 1770 | 2400 | 2010 |
| | 76 | 2020 | 1690 | 2300 | 1920 |
| | 74 | 1930 | 1610 | 2200 | 1830 |
| | 72 | 1840 | 1530 | 2100 | 1740 |
| | 70 | 1750 | 1450 | 2000 | 1650 |
| 及格 | 68 | 1660 | 1370 | 1900 | 1560 |
| | 66 | 1570 | 1290 | 1800 | 1470 |
| | 64 | 1480 | 1210 | 1700 | 1380 |
| | 62 | 1390 | 1130 | 1600 | 1290 |
| | 60 | 1300 | 1050 | 1500 | 1200 |
| | 50 | 1220 | 1020 | 1410 | 1170 |
| | 40 | 1140 | 990 | 1320 | 1140 |
| 不及格 | 30 | 1060 | 960 | 1230 | 1110 |
| | 20 | 980 | 930 | 1140 | 1080 |
| | 10 | 900 | 900 | 1050 | 1050 |

源自：《国家学生体质健康标准（2014年修订）》。

## 表1.4 五、六年级学生 50 米跑测试评分表（单位：秒）

| 等级 | 得分 | 五年级男生 | 五年级女生 | 六年级男生 | 六年级女生 |
|---|---|---|---|---|---|
| 优秀 | 100 | 8.4 | 8.3 | 8.2 | 8.2 |
| | 95 | 8.5 | 8.4 | 8.3 | 8.3 |
| | 90 | 8.6 | 8.5 | 8.4 | 8.4 |
| 良好 | 85 | 8.7 | 8.8 | 8.5 | 8.7 |
| | 80 | 8.8 | 9.1 | 8.6 | 9.0 |
| 及格 | 78 | 9.0 | 9.3 | 8.8 | 9.2 |
| | 76 | 9.2 | 9.5 | 9.0 | 9.4 |
| | 74 | 9.4 | 9.7 | 9.2 | 9.6 |
| | 72 | 9.6 | 9.9 | 9.4 | 9.8 |
| | 70 | 9.8 | 10.1 | 9.6 | 10.0 |
| | 68 | 10.0 | 10.3 | 9.8 | 10.2 |
| | 66 | 10.2 | 10.5 | 10.0 | 10.4 |
| | 64 | 10.4 | 10.7 | 10.2 | 10.6 |
| | 62 | 10.6 | 10.9 | 10.4 | 10.8 |
| | 60 | 10.8 | 11.1 | 10.6 | 11.0 |
| 不及格 | 50 | 11.0 | 11.3 | 10.8 | 11.2 |
| | 40 | 11.2 | 11.5 | 11.0 | 11.4 |
| | 30 | 11.4 | 11.7 | 11.2 | 11.6 |
| | 20 | 11.6 | 11.9 | 11.4 | 11.8 |
| | 10 | 11.8 | 12.1 | 11.6 | 12.0 |

源自：《国家学生体质健康标准（2014 年修订）》。

表 1.5 **五、六年级学生坐位体前屈测试评分表（单位：厘米）**

| 等级 | 得分 | 五年级男生 | 五年级女生 | 六年级男生 | 六年级女生 |
|------|------|-----------|-----------|-----------|-----------|
| 优秀 | 100 | 16.5 | 19.8 | 16.6 | 19.9 |
|      | 95  | 15.2 | 18.5 | 15.3 | 18.7 |
|      | 90  | 13.8 | 17.2 | 14.0 | 17.5 |
| 良好 | 85  | 11.6 | 15.1 | 11.5 | 15.2 |
|      | 80  | 9.4  | 13.0 | 9.0  | 12.9 |
|      | 78  | 8.2  | 11.9 | 7.7  | 11.8 |
|      | 76  | 7.0  | 10.8 | 6.4  | 10.7 |
|      | 74  | 5.8  | 9.7  | 5.1  | 9.6 |
|      | 72  | 4.6  | 8.6  | 3.8  | 8.5 |
| 及格 | 70  | 3.4  | 7.5  | 2.5  | 7.4 |
|      | 68  | 2.2  | 6.4  | 1.2  | 6.3 |
|      | 66  | 1.0  | 5.3  | −0.1 | 5.2 |
|      | 64  | −0.2 | 4.2  | −1.4 | 4.1 |
|      | 62  | −1.4 | 3.1  | −2.7 | 3.0 |
|      | 60  | −2.6 | 2.0  | −4.0 | 1.9 |
|      | 50  | −3.6 | 1.2  | −5.0 | 1.1 |
|      | 40  | −4.6 | 0.4  | −6.0 | 0.3 |
| 不及格 | 30 | −5.6 | −0.4 | −7.0 | −0.5 |
|      | 20  | −6.6 | −1.2 | −8.0 | −1.3 |
|      | 10  | −7.6 | −2.0 | −9.0 | −2.1 |

源自：《国家学生体质健康标准（2014 年修订）》。

表1.6 **五、六年级学生1分钟跳绳测试评分表（单位：次）**

| 等级 | 得分 | 五年级男生 | 五年级女生 | 六年级男生 | 六年级女生 |
|---|---|---|---|---|---|
| 优秀 | 100 | 148 | 158 | 157 | 166 |
| | 95 | 143 | 151 | 152 | 159 |
| | 90 | 138 | 144 | 147 | 152 |
| 良好 | 85 | 132 | 136 | 141 | 144 |
| | 80 | 126 | 128 | 135 | 136 |
| | 78 | 119 | 121 | 128 | 129 |
| | 76 | 112 | 114 | 121 | 122 |
| | 74 | 105 | 107 | 114 | 115 |
| 及格 | 72 | 98 | 100 | 107 | 108 |
| | 70 | 91 | 93 | 100 | 101 |
| | 68 | 84 | 86 | 93 | 94 |
| | 66 | 77 | 79 | 86 | 87 |
| | 64 | 70 | 72 | 79 | 80 |
| | 62 | 63 | 65 | 72 | 73 |
| | 60 | 56 | 58 | 65 | 66 |
| | 50 | 53 | 55 | 62 | 63 |
| 不及格 | 40 | 50 | 52 | 59 | 60 |
| | 30 | 47 | 49 | 56 | 57 |
| | 20 | 44 | 46 | 53 | 54 |
| | 10 | 41 | 43 | 50 | 51 |

源自：《国家学生体质健康标准（2014年修订）》。

表 1.7 **五、六年级学生1分钟仰卧起坐测试评分表（单位：次）**

| 等级 | 得分 | 五年级男生 | 五年级女生 | 六年级男生 | 六年级女生 |
|---|---|---|---|---|---|
| 优秀 | 100 | 50 | 48 | 51 | 49 |
| | 95 | 47 | 46 | 48 | 47 |
| | 90 | 44 | 44 | 45 | 45 |
| 良好 | 85 | 41 | 41 | 42 | 42 |
| | 80 | 38 | 38 | 39 | 39 |
| | 78 | 36 | 36 | 37 | 37 |
| | 76 | 34 | 34 | 35 | 35 |
| | 74 | 32 | 32 | 33 | 33 |
| | 72 | 30 | 30 | 31 | 31 |
| 及格 | 70 | 28 | 28 | 29 | 29 |
| | 68 | 26 | 26 | 27 | 27 |
| | 66 | 24 | 24 | 25 | 25 |
| | 64 | 22 | 22 | 23 | 23 |
| | 62 | 20 | 20 | 21 | 21 |
| | 60 | 18 | 18 | 19 | 19 |
| | 50 | 16 | 16 | 17 | 17 |
| | 40 | 14 | 14 | 15 | 15 |
| 不及格 | 30 | 12 | 12 | 13 | 13 |
| | 20 | 10 | 10 | 11 | 11 |
| | 10 | 8 | 8 | 9 | 9 |

源自：《国家学生体质健康标准（2014 年修订）》。

表1.8 **五、六年级学生 50 米×8 往返跑测试评分表**

| 等级 | 得分 | 五年级男生 | 五年级女生 | 六年级男生 | 六年级女生 |
|---|---|---|---|---|---|
| | 100 | 1'36"[a] | 1'41" | 1'30" | 1'37" |
| 优秀 | 95 | 1'39" | 1'44" | 1'33" | 1'40" |
| | 90 | 1'42" | 1'47" | 1'36" | 1'43" |
| 良好 | 85 | 1'45" | 1'50" | 1'39" | 1'46" |
| | 80 | 1'48" | 1'53" | 1'42" | 1'49" |
| | 78 | 1'51" | 1'56" | 1'45" | 1'52" |
| | 76 | 1'54" | 1'59" | 1'48" | 1'55" |
| | 74 | 1'57" | 2'02" | 1'51" | 1'58" |
| | 72 | 2'00" | 2'05" | 1'54" | 2'01" |
| | 70 | 2'03" | 2'08" | 1'57" | 2'04" |
| 及格 | 68 | 2'06" | 2'11" | 2'00" | 2'07" |
| | 66 | 2'09" | 2'14" | 2'03" | 2'10" |
| | 64 | 2'12" | 2'17" | 2'06" | 2'13" |
| | 62 | 2'15" | 2'20" | 2'09" | 2'16" |
| | 60 | 2'18" | 2'23" | 2'12" | 2'19" |
| | 50 | 2'22" | 2'27" | 2'16" | 2'23" |
| | 40 | 2'26" | 2'31" | 2'20" | 2'27" |
| 不及格 | 30 | 2'30" | 2'35" | 2'24" | 2'31" |
| | 20 | 2'34" | 2'39" | 2'28" | 2'35" |
| | 10 | 2'38" | 2'43" | 2'32" | 2'39" |

[a] 1'36" 表示 1 分 36 秒, 余同。

源自:《国家学生体质健康标准(2014 年修订)》。

表 1.9　**小学各个年级的高优指标 1 分钟跳绳测试加分表（单位：次）**

| 加分[a] | 所有学生[b] |
|:---:|:---:|
| 20 | 40 |
| 19 | 38 |
| 18 | 36 |
| 17 | 34 |
| 16 | 32 |
| 15 | 30 |
| 14 | 28 |
| 13 | 26 |
| 12 | 24 |
| 11 | 22 |
| 10 | 20 |
| 9 | 18 |
| 8 | 16 |
| 7 | 14 |
| 6 | 12 |
| 5 | 10 |
| 4 | 8 |
| 3 | 6 |
| 2 | 4 |
| 1 | 2 |

[a] 学生成绩超过单项评分 100 分后，以超过的次数所对应的分数进行加分。

[b] 小学各个年级的男生和女生使用同样的标准。

源自：《国家学生体质健康标准（2014 年修订）》。

# 1.3 五、六年级学生身心发展的特点

从出生到成年，个体的各个器官、系统的形态、组成和功能等都在不断地发展和完善，这就是俗称的"生长发育"。个体的生长发育受遗传和环境等因素的影响，不同的个体之间存在着一定的差异。但就整体而言，个体的生长发育具有阶段性、连续性和不平衡性这三大共同特征。个体的各个器官、系统在不同年龄段的发展速度、幅度和状态都是不一样的。例如，个体身高的增速在胎儿期和青春期明显高于其他时期，这体现了个体生长发育的阶段性。同时，个体每个阶段的生长发育都是连续的，上一阶段的发展情况会对下一阶段产生一定的影响。此外，个体的不同器官、系统在同一年龄段的发展情况不一样，例如神经系统发育较早，生殖系统发育较晚，这体现了个体生长发育的不平衡性[3]。

一般小学生的年龄为6~12岁，他们还处于个体生长发育的儿童期。这个时期，个体的各项身体机能均处于平缓发展期。一些五、六年级的学生即将步入青春发育期，生长发育处于平缓发展期的高峰，身高、围度、体重等身体形态指标可能出现突增的现象[3]。但他们的骨骼和肌肉仍处于发育阶段，骨骼易变形、脱臼，不易骨折，肌肉中水分含量较高，碳水化合物、蛋白质、脂肪和无机盐含量较低，肌纤维较细，柔韧性较好，力量和耐力较差。其内脏器官的体积和重量等也有明显的增长趋势，但一些循环功能还无法匹配快速增长的身高、体重。他们的动作控制能力进一步增强，但动作仍不够精细，依然很有可能出现错误和多余的动作。

身体素质是个体各项身体机能的外在表现，因此也具有生长发育过程的阶段性、连续性和不平衡性等特点。并且各项身体素质在不同年龄段的发展速度不同，即使在同一年龄段，个体的生长发育也存在着差异，有的个体的身体素质发展处于高峰，有的则较为缓慢。身体素质发展的高峰时期被称为该项身体素质的"敏感期"，也被称为"窗口期""训练机会之窗"或"最佳训练能力窗口"。只有遵循个体生长发育的规律，在适当的时候着重发展相应的身体素质，才能让学生学习和训练的效果事半功倍。

鉴于敏感期在儿童和青少年身体训练方面具有重要的指导作用，国内外大量学者对其进行了深入的研究。但是，由于生长发育受遗传、营养和运动等多种因素的影响，存在一定的个体差异，不同研究对各项身体素质的敏感期的划分并不统一，目前较为被广泛接受的是运动员长期发展（Long-Term Athlete Development，LTAD）模型[4]。根据LTAD模型，儿童和青少年的身体素质敏感期有13个。就五、六年级的学生而言，男生处于技术和耐力的第一敏感期、柔韧性的第二敏感期、协调性的敏感期及力量敏感期的第一阶段，女生处于耐力的第一敏感期、柔韧性的第二敏感期、技术的第二敏感期、协调性的敏感期及力量敏感期的第一阶段。但由于学生的入学年龄不同，彼此间也存在差异，教师可根据表1.10确定和学生实际年龄相匹配的身体素质敏感期，以此为参考并结合实际情况来确定训练方案。

表 1.10 **学生各项身体素质敏感期的年龄区间**

### 男生

| 年龄 | 4 | 5 | 6 | 7 | 8 | 9 | 10 | 11 | 12 | 13 | 14 | 15 | 16 | 17 | 18 | 19 | 20 | 21 | 22 | 23 | 24 | 25 |
|---|---|---|---|---|---|---|---|---|---|---|---|---|---|---|---|---|---|---|---|---|---|---|
| 柔韧性 | | 第一敏感期 | | | | | | | 第二敏感期 | | | | | | | | | | | | | |
| 速度 | | | | 第一敏感期 | | | | | | | 第二敏感期 | | | | | | | | | | | |
| 技术 | | | | | | | | 第一敏感期 | | | | | 第二敏感期 | | | | | | | | | |
| 协调性 | | | | | | | | | | 敏感期 | | | | | | | | | | | | |
| 力量[a] | | | | | | | | | 敏感期第一阶段 | | | | 敏感期第二阶段 | | | | 敏感期第三阶段 | | | | | |
| 耐力 | | | | | | | | | 第一敏感期 | | | | | 第二敏感期 | | | | | | | | |
| 爆发力 | | | | | | | | | | | | | | 敏感期 | | | | | | | | |

### 女生

| 年龄 | 4 | 5 | 6 | 7 | 8 | 9 | 10 | 11 | 12 | 13 | 14 | 15 | 16 | 17 | 18 | 19 | 20 | 21 | 22 | 23 | 24 | 25 |
|---|---|---|---|---|---|---|---|---|---|---|---|---|---|---|---|---|---|---|---|---|---|---|
| 柔韧性 | 第一敏感期 | | | | | | | 第二敏感期 | | | | | | | | | | | | | | |
| 速度 | | | 第一敏感期 | | | | | | 第二敏感期 | | | | | | | | | | | | | |
| 技术 | | | | 第一敏感期 | | | | | 第二敏感期 | | | | | | | | | | | | | |
| 协调性 | | | | | | | 敏感期 | | | | | | | | | | | | | | | |
| 力量[b] | | | | | | 敏感期第一阶段 | | | | 敏感期第二阶段 | | | | | 敏感期第三阶段 | | | | | | | |
| 耐力 | | | | | | | 第一敏感期 | | | | | 第二敏感期 | | | | | | | | | | |
| 爆发力 | | | | | | | | 敏感期 | | | | | | | | | | | | | | |

[a] 男生身高突增期后的 6～12 个月是敏感期第一阶段，力量的增长速度最快；之后进入敏感期第二、第三阶段，力量的增长速度逐渐放缓。

[b] 女生身高突增期或月经初潮后是敏感期第一阶段，力量的增长速度最快；之后进入敏感期第二、第三阶段，力量的增长速度逐渐放缓。

源自：《儿童身体训练动作手册：拉伸训练》。

五、六年级学生具有独特的心理特征。五、六年级是小学向初中过渡的时期，也是纠正学生不良行为习惯的关键时期，把握不好将会给学生初中的学习和生活带来极大的负面影响。五、六年级学生已对批评和要求有了一些自我的思考和判断，教师应通过合适的方式予以引导，而不是直接要求其改正。在注意力的保持上，他们的注意力保持时间、有意注意的比例及分配注意力的能力都有所增长，能更长时间地进行更复杂的活动。在学习和理解能力上，他们的抽象思维能力进一步提升，但还未完全脱离形象思维，模仿学习仍为他们偏爱的学习方式。

综上所述，针对五、六年级学生的训练应对处于敏感期的各项身体素质有所侧重，同时均衡发展其他身体素质，仍需要避免大负荷的力量训练。训练的时间和强度可以适当增加，但一定要循序渐进，并时刻关注学生的反应，以及时做出调整。此外，处于这个年龄段的男生和女生在身体形态发育和运动能力发展上已呈现出一定的差异，教师可根据学生的运动能力对本书介绍的训练方案进行相应的调整，并通过合适的方式引导学生纠正在规律锻炼方面的不良习惯。教师在对五、六年级学生进行指导时，可使用讲解为主、展示为辅的形式，同时可讲解一些更为复杂的动作。另外，五、六年级学生的意志力仍不够强，耐力素质也尚未发展完全，应避免难度较大、时间较长、较枯燥的训练。

# 1.4

# 五、六年级学生训练的注意事项

任何训练的首要原则都是确保训练者的安全，其次是确保训练的有效性。为了确保这两点，教师在指导五、六年级学生进行训练时应注意以下几点内容。

## ◎ 提前做好训练规划

前文已经分析过，五、六年级学生具有独特的身心特点，教师必须以运动科学为基础，系统制订符合其需求和特点的长期和短期训练方案。学期训练规划应具有周期性，循序渐进地提升强度，既涉及影响体质测试成绩的所有身体素质，又包含薄弱项目的针对性训练。每个训练日的安排要既全面又细致，根据时间和目标统筹安排所有不可或缺的训练板块，这样不仅有助于教师更好地把控训练过程，让训练节奏符合科学规律，又能将实际训练时长控制在计划范围内，不占用学生学习和休闲的时间，还能最大限度地降低意外事件的发生概率。同时家长还要经常与学生及其教师沟通，了解学生在学校的训练内容和素质短板。

### ● 专业建议

对每个训练日的规划至少应包括以下几个内容。

1.训练板块。每个训练日均应包含热身、正式训练和放松三大板块。正式训练板块又应根据当日训练目标设置具有针对性的小板块。

2.训练动作、训练节奏、训练量和间歇时间。提前列好每个板块包含哪些训练动作，每个训练动作应以什么节奏进行和重复多少次（或保持多久、行进多远等）、共进行几组训练，动作与动作和组与组之间的间歇时间等。

3.指导语和提示语。例如，提前准备好对丁一些学生容易遗忘重点或做错的训练动作，可能会用到的指导语（还可以搭配动作演示），以帮助学生想起重点或正确的训练动作；在训练过程中，可能会用到的用于提醒学生每个训练动作的节奏、要点和剩余训练量，以及下一个训练动作是什么的提示语。教师在提醒和指导学生的时候，可通过提问的方式引导学生自己发现问题，这样比直接提出问题更易被学生接受，并且可以增强学生对于训练动作的理解，增强训练的趣味性。

## ◎ 提前掌握训练动作

在训练之前，教师应该和学生就训练动作进行沟通，充分了解学生对于即将用到的热身、正式训练和放松动作的掌握情况。可以让学生演示这些训练动作，教师从旁检查其动作是否正确。如学生存在动作错误或不到位的情况，教师应及时指出并帮助其纠正；如果发现学生因力量不足、关节受限等问题而无法正确地完成训练动作，应及时调整选择更适合学生的动作。教师一定要确保学生非常了解且可以正确完成所有的训练动作，否则会因多次纠正动作而影响训练节奏，或因动作错误、出现代偿而削弱训练效果甚至导致学生受伤。

## ◎ 训练之前做好充分准备

在训练之前，教师必须充分做好场地和装备方面的准备，为学生安全训练保驾护航。在场地方面，教师必须提前检查训练环境是否安全，应确保训练地面平整且不过于光滑，场地大小和高度能满足训练需求及没有任何可能绊倒、砸伤学生的危险物品等。如果在室外进行训练，教师还要提前关注天气状况，规避大风、高温等恶劣天气。在装备方面，教师一方面要提前准备好训练会用到的所有器械并对其进行安全检查，确保所有器械完好，不存在任何危险因素；另一方面要提前提醒学生穿着运动服和运动鞋，不佩戴饰品，不携带较重的物品。另外，一些五、六年级女生的胸部已开始发育，教师应告知她们在训练时穿着合适的运动内衣。

## ◎ 全面了解并随时关注学生的状况

教师只有全面了解并随时关注学生的状况，才能从源头上规避风险。首先，教师应全面了解学生的体质测试成绩，制订与学生的水平相匹配的训练规划。其次，教师应全面掌握学生的健康史和其在训练当天的健康状况，例如，应尽量避免让处于生理期的女生进行跳跃、振动过大的练习和针对腹部的练习；基于这些信息，对训练进行适当的调整，并提前针对可能发生的意外情况制订风险预案。最后，教师在训练过程中要随时关注学生的状况，要求学生及时反馈身体感受，一旦学生出现身体不适，要立即停止训练，必要时及时让学生就医。

## ◎ 重视热身和放松

热身和放松是训练必不可少的两个部分，重要性不亚于正式训练。热身可以加快血流速度、提高呼吸频率及提升肌肉温度，从而增强身体的柔韧性和协调性，让身体为即将到来的正式训练做好准备，这样有助于提升训练效果并减缓疲劳、降低损伤风险。放松可以让身体的各项生理指标逐渐恢复到训练前的水平，避免血压急剧降低等风险；还可以排除体内的代谢废物，这有助于缓解肌肉酸痛。教师应重视这两个部分，也应让学生了解其重要性，从而更好地督促学生认真进行热身和放松。

## ◎ 提醒学生及时补水

水是人体必需的营养素，学生在训练时应保持体内的水代谢处于平衡状态。缺水会对运动表现产生不小的负面影响，严重时还会危及健康。训练时，身体会通过出汗来降温，这会让身体损失水分和电解质等。因此，学生在训练时应及时补水（包括训练前、中和后），避免脱水。一般来说，教师可以让学生在训练前、后和训练时每15分钟补充适量的水分。如在天气炎热的室外进行训练，补水量应适度增加，还应选择合适的运动饮料来补充电解质。当训练超过1小时时，应适当补充能量。同时，切忌饮水过量。

# BMI 测试

BMI的英文全称为Body Mass Index，即身体质量指数，其用于反映个体身高和体重的关系，计算公式为BMI=体重（千克）/身高$^2$（米$^2$）。BMI由世界卫生组织（WHO）于1990年公布，是目前国际上通用的衡量个体胖瘦和健康程度的指标之一。在BMI测试中，学生按规定站在测试仪上获取身高和体重数据，然后根据计算公式即可计算出BMI值，计算结果精确到0.1千克/米$^2$。学生处于生长发育的重要阶段，身高和体重都是重要的发育指标。BMI用于评价学生在当前身高下体重发育是否正常，从而及时发现他们可能存在的营养不良或肥胖问题。研究表明，学生的营养不良或肥胖与一些疾病存在相关性。因此，BMI测试有助于尽早发现学生在生长发育过程中存在的问题，从而及时采取调整措施，降低患相关疾病的风险。

## ◎ 影响因素

从BMI的计算公式可看出，BMI测试成绩受体重和身高的影响。

### ● 体重

BMI用于评价学生在当前身高下体重是否正常，因此体重是BMI测试成绩的主要影响因素。学生应通过科学的运动和均衡的膳食将体重控制在合理的范围内。

### ● 身高

虽然BMI不是用于评价学生身高发育是否正常的指标，但身高也会对BMI测试成绩产生一定的影响。身高主要受骨骼发育情况和身体姿态的影响，科学的运动、均衡的膳食、充足的睡眠及良好的姿势习惯有助于使学生的身高处于正常的范围内。此外，个体早晚的身高差异较为明显，在测试前一日获得足够的睡眠，使脊柱充分伸展，也会对个体次日的身高测试有所帮助。

## ◎ 测试规则

**1** 背朝身高体重仪，赤足站在底板上。

**2** 直立，面朝正前方。头部、臀部及脚跟保持与立柱接触。

背部挺直，背朝身高体重仪。

赤足站在底板上。

## ◎ 要点提示

● 测试前准备

(1) 测试前一天应保证充足的睡眠，不应进行高强度的身体活动。

(2) 穿轻便的服装。

● 测试时注意

(1) 不要仰头或低头，也不要弯腰驼背、来回晃动。

(2) 不要携带重物，女生不要扎过高的马尾，以免影响测试的准确性。

**NO!**

不要仰头　　　　　　不要低头　　　　　　不要弯腰驼背、来回晃动

# 2.2 BMI 测试针对性提升训练

## ◎ 综合训练指导

　　五、六年级学生的身体训练不再以全身性练习为主，更多的是针对全身各个部位（手臂、背部、腹部和腿部等）的练习，以更加均衡地发展各项身体素质。此外，一部分五、六年级的学生，尤其是女生，处于身高发展的高峰期，可以多进行一些跳跃性的运动来促进身高的增长，但是处于生理期的女生应尽量避免跳跃类的练习。尤其需要注意的是，五、六年级学生的体质健康测试中包含1分钟仰卧起坐项目，且学业压力相对较重，他们伏案学习的时间可能更长，因此训练中最好增加针对上背部和下背部的练习，旨在提升身体后链肌肉的力量，改善不良体态，使身姿挺拔。

## ◎ 典型问题与解决建议

### ● 体重过重

　　教师指导体重过重的学生时，可以通过合理的运动和科学的饮食帮助其减重。教师应建议学生增加日常体力活动并进行规律的体育锻炼，包括在时间和距离均合理的前提下步行上下学，上下楼走楼梯，每天进行一定量的户外活动或室内训练，经常参与喜爱的体育运动等。肥胖或超重的学生可额外进行游泳、骑自行车等有氧运动并将运动时间保持在20分钟以上。此外，建议学生适当控制能量摄入，尽量避免摄入过于油腻的食物和高热量、不健康的零食，多食用蔬菜、水果及优质蛋白质（如牛奶和鸡蛋等）。

### ● 体重过轻

　　教师指导体重过轻的学生时，同样可以通过合理的运动和科学的饮食帮助其增重。教师应建议他们适当做一些力量训练，同样应提醒他们注意饮食的丰富性和均衡性，如有挑食等不良饮食习惯一定要改掉。此外，学生一定要保证蛋白质、锌、钙、磷和维生素等营养物质的摄入量达标。

## ◎ 其他注意事项

　　教师应时刻提醒学生保持良好的体态。不良体态不仅会影响他们的身高，还可能改变其身体发育的轨迹，造成躯体功能障碍，甚至带来严重的身体畸形问题。因此，教师一定要督促学生在站、坐、行等方面养成良好的姿势习惯。还需要注意的是，在五、六年级阶段，一些女生的乳房开始发育，部分女生对人体结构认识不足，并且情绪和认知处于较敏感的时期，可能会因为乳房的正常发育而感到害羞，进而形成含胸驼背的不良习惯。教师在日常生活中应多关注学生，及时察觉学生的生理、心理和行为变化，以适当的方式与其沟通，理性地向其讲解相关的知识，避免这种情况的发生或及时纠正其不良的体态。需要注意的是，不良体态并非完全是由不良的姿势习惯引发的，如发现学生存在严重的体态问题，教师还要及时寻求医生等专业人员的帮助。

　　此外，睡眠时间是生长发育的黄金时间，充足的睡眠能促进学生身高的增长，还能使他们保持良好的身体、精神状态，从而使其在训练中更加投入，同时在一定程度上能提升训练的效果。因此，教师一定要督促学生养成早睡早起的生活习惯。

● 站姿-L字

全程保持均匀呼吸。

**1**

双脚开立，略比肩宽，屈髋屈膝，躯干前倾至与大腿的夹角为90度，挺胸直背，双臂自然下垂。

**2**

肩胛骨向内向下收紧，双臂屈肘，上臂向上抬起。

训练目标　**力量、稳定性**

训练部位　**背部、肩部**

所需器材　**无**

主要肌肉　**菱形肌、斜方肌、肩袖肌群**

**3**

前臂向上抬起至与躯干处于同一个平面，拇指向上。回到起始姿势，完成规定的次数。

**要点提示**

● 核心收紧，背部挺直，不要耸肩。

## ● 坐姿腿屈伸

训练目标  **力量**

训练部位  **核心、腿部**

所需器材  **无**

主要肌肉  **下肢肌群**

**1**

身体呈坐姿，双臂交叉抱于胸前，核心收紧，背部挺直，双腿屈髋屈膝。

全程保持均匀呼吸。

**2**

双腿前伸，躯干垂直于地面。以脚跟为着力点，大腿后侧发力，使臀部移向足部。回到起始姿势，完成规定的次数或距离。

### 要点提示

● 核心收紧，躯干保持稳定并与地面接近垂直。

## ● 树式伸展

全程保持均匀呼吸。

**1**

身体呈站立姿势，核心收紧，背部挺直，双臂伸直，自然垂于身体两侧，挺胸抬头，目视前方。

训练目标　柔韧性、稳定性、平衡性
训练部位　全身
所需器材　无
主要肌肉　下肢肌群、躯干肌群

**2**

双臂侧平举，一侧腿屈膝，脚掌抵在对侧膝盖的内侧，单腿站稳。

### 要点提示

● 单腿支撑时，保持身体稳定。

**3**

双臂向上伸直，举过头顶。保持该姿势至规定的时间。换对侧重复。

## ● 俯撑-搭档拍手

训练目标 **力量、稳定性**

训练部位 **核心、手臂、肩部**

所需器材 **无**

主要肌肉 **核心肌群、肩部肌群**

全程保持均匀呼吸。

**1** 两人头对头，以俯撑的姿势支撑于地面，相距约一只手臂的距离。

**2** 两人同时向对方伸出左手或右手，并拍手。然后回到起始姿势，换对侧拍手。两侧交替进行，完成规定的次数。

● 搭档座椅平衡

全程保持均匀呼吸。

**1** 两人面对面、手拉手站立，双脚分开，与肩同宽。两人间的距离约为一只半手臂的长度。

**2** 保持拉手状态，两人同时屈髋屈膝向后坐，使两人的双臂完全伸直，大腿约与地面平行。

训练目标 平衡性、力量

训练部位 臀部、腿部

所需器材 无

主要肌肉 下肢肌群

**要点提示**

● 两人在向后坐时必须提前沟通，彼此信任。

**3** 回到起始姿势，完成规定的次数或时间。

全程保持均匀呼吸。

**1** 两人面对面、手拉手坐在地上，脚尖相触。

**2** 保持拉手状态，手臂向后拉，同时下肢肌肉发力，准备站起。

训练目标 平衡性、协调性、力量

训练部位 手臂、腿部

所需器材 无

主要肌肉 肱二头肌、下肢肌群

**要点提示**

● 两人在起立时必须提前沟通，彼此信任。

**3** 伸髋伸膝站起。回到起始姿势，完成规定的次数。

● 标准深蹲

训练目标 **力量**

训练部位 **腿部、臀部**

所需器材 **无**

主要肌肉 **下肢肌群**

蹲起时呼气。

第 2 章 BMI 测试

**要点提示**

● 动作过程中，核心收紧，背部挺直，膝盖与脚尖方向一致。

**1** 双脚分开站立，与肩同宽。双臂自然垂于身体两侧。

**2** 屈髋屈膝，向下深蹲。动作过程中，双臂屈曲并抬起至胸前，以保持身体平衡。回到起始姿势，完成规定的次数。

● 平板爬行-纵向

训练目标 **稳定性、力量** 所需器材 **无**

训练部位 **核心** 主要肌肉 **核心肌群**

**1** 身体呈四点支撑姿势，双臂伸直，双手触地支撑于肩部的下方。双腿伸直，双脚脚尖着地，尽量使头部、躯干和双腿在一条直线上。

全程保持均匀呼吸。

**2** 保持背部挺直，核心收紧，双腿伸直，双手交替向前移动，同时跖屈和背屈对侧脚的踝关节，使对侧脚同步向前移动。也可以向后移动。完成规定的距离。

**要点提示**

● 爬行过程中，保持躯干稳定，不能左右晃动。

## ● 平板爬行–横向

训练目标 **稳定性、力量**
训练部位 **核心**
所需器材 **无**
主要肌肉 **核心肌群**

● 爬行过程中，保持躯干稳定，不能左右晃动。

全程保持均匀呼吸。

**1**

身体呈四点支撑姿势，双臂伸直，双手触地支撑于肩部的正下方。双腿伸直，双脚脚尖着地，尽量使头部、躯干和双腿在一条直线上。

**2**

保持核心收紧，背部挺直，对侧的手和脚向一侧移动，接着另一侧的手和脚跟上。移动过程中保持躯干在一条直线上。完成规定的距离。

## ● 平板支撑–单臂侧平举

训练目标 **稳定性、力量**
训练部位 **核心**
所需器材 **瑜伽垫**
主要肌肉 **核心肌群**

全程保持均匀呼吸。

**要点提示**

● 动作过程中，核心收紧，背部挺直。

● 单臂侧平举时，躯干和双腿在一条直线上，身体不能左右晃动。

身体呈四点支撑姿势，核心收紧，背部挺直，双臂伸直，双手支撑于肩部的正下方。双脚分开，与肩同宽，脚尖触垫支撑。一侧手臂伸直，抬至与地面接近平行，对侧手触垫支撑，保持1~2秒。回到起始姿势，换对侧重复。两侧交替进行，完成规定的次数。

● 平板支撑

训练目标　稳定性、力量
训练部位　核心
所需器材　瑜伽垫
主要肌肉　核心肌群

**要点提示**

● 动作过程中，核心收紧，身体在一条直线上，不要塌腰和抬臀。

全程保持均匀呼吸。

身体呈四点支撑姿势，核心收紧，背部挺直。保持双臂伸直，双手支撑于肩部的正下方。双腿伸直，双脚脚尖触垫支撑。头部、躯干和双腿应在一条直线上。保持该姿势至规定的时间。

● 俯桥–单臂上举

训练目标　力量、稳定性
训练部位　核心
所需器材　瑜伽垫
主要肌肉　核心肌群

手臂抬起时呼气，还原时吸气。

**要点提示**

● 动作过程中，核心收紧，背部挺直，身体保持稳定，不能左右晃动。

身体呈四点支撑姿势，核心收紧，背部挺直。双肘支撑于肩部的正下方。双腿伸直，双脚脚尖触垫支撑。一侧手臂沿耳朵向前伸直，与地面接近平行。保持该姿势至规定的时间，换对侧重复。

## ● 平板支撑-转体

训练目标　**稳定性、平衡性、力量**
训练部位　**核心**
所需器材　**瑜伽垫**
主要肌肉　**核心肌群**

全程保持均匀呼吸。

**1** 身体呈四点支撑姿势，核心收紧，背部挺直。双臂伸直，双手支撑于肩部的正下方。双腿伸直，双脚脚尖触垫支撑。

### 要点提示

- 动作过程中，核心收紧，背部挺直。
- 转体时，保持躯干稳定，不能左右晃动。

**2** 一侧手臂作为支撑臂，对侧手臂向外向上打开至与地面接近垂直，同时身体转向打开侧，双脚侧面触垫支撑（一只脚以脚踝内侧触地，另一只脚以脚踝外侧触地），保持1~2秒。回到起始姿势，换对侧重复。两侧交替进行，完成规定的次数。

● 药球-平板支撑

训练目标 力量、稳定性
训练部位 核心
所需器材 药球、瑜伽垫
主要肌肉 核心肌群

全程保持均匀呼吸。

第 2 章 BMI 测试

**要点提示**

● 核心收紧，背部挺直，
不要塌腰和抬臀。

身体呈俯撑姿势，核心收紧，背部挺直。双臂伸直，双手撑于药球上。双腿伸直，双脚脚尖触垫支撑。保持该姿势至规定的时间。

● 俯卧-I字

训练目标 力量、稳定性　　所需器材 瑜伽垫
训练部位 肩胛骨　　　　　主要肌肉 肩部肌群

**1** 身体呈俯卧姿势，双臂伸直，贴近耳侧。双手握拳，拳心相对，拇指朝上，整个身体呈I字形。

手臂上抬时呼气，还原时吸气。

**2** 双侧肩胛骨向下向内收紧，双臂尽可能向上抬，持续3~5秒。

**要点提示**

● 保持核心收紧，拇指朝上，肩胛骨收紧后抬起双臂。

**3** 回到起始姿势，完成规定的次数。

● 俯卧–Y字

训练目标 **力量、稳定性**
训练部位 **肩胛骨**
所需器材 **瑜伽垫**
主要肌肉 **肩部肌群**

> 手臂上抬时呼气，
> 还原时吸气。

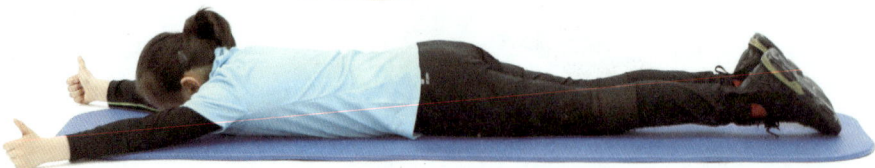

**1**

身体呈俯卧姿势，双臂伸直并打开，与躯干呈Y字形。双手握拳，拳心相对，拇指朝上。

**2**

双侧肩胛骨向下向内收紧，双臂尽可能向上抬，持续3~5秒。

**3**

回到起始姿势，完成规定的次数。

### 要点提示

● 保持核心收紧，拇指朝上，肩胛骨收紧后抬起手臂。

## ● 俯卧-T字

训练目标　力量、稳定性
训练部位　肩胛骨
所需器材　瑜伽垫
主要肌肉　肩部肌群

手臂上抬时呼气，还原时吸气。

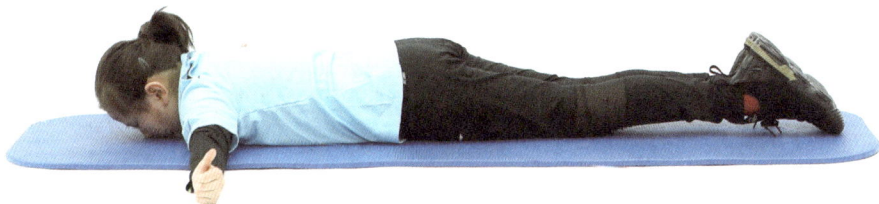

**1**

身体呈俯卧姿势，双臂向两侧伸直，与躯干呈T字形，双手握拳，拇指朝上。

**2**

双侧肩胛骨向下向内收紧，双臂尽可能向上抬，持续3~5秒。

**3**

回到起始姿势，完成规定的次数。

### 要点提示

● 保持核心收紧，拇指朝上，肩胛骨收紧后抬起双臂。

## ● 俯卧—W字

训练目标　力量、稳定性
训练部位　肩胛骨
所需器材　瑜伽垫
主要肌肉　肩部肌群

手臂上抬时呼气，还原时吸气。

**1**

身体呈俯卧姿势，双臂屈肘，大致呈W字形。双手握拳，拳心相对，拇指朝上。

**2**

双侧肩胛骨向下向内收紧，双臂尽可能向上抬，持续3~5秒。

**3**

回到起始姿势，完成规定的次数。

### 要点提示

● 保持核心收紧，拇指朝上，肩胛骨收紧后抬起双臂。

● 臀桥

训练目标　力量、稳定性
训练部位　臀部、大腿
所需器材　瑜伽垫
主要肌肉　臀大肌、腘绳肌

全程保持均匀呼吸。

身体呈仰卧姿势，肩部和双脚支撑，双臂交叉抱于胸前。腹部和臀部收紧，髋部抬起，直至躯干与大腿在一条直线上。保持该姿势至规定的时间。

### 要点提示

● 全程保持身体稳定。

● 臀桥–单腿军步式

训练目标　力量、稳定性
训练部位　臀部、大腿、髋部
所需器材　瑜伽垫
主要肌肉　臀大肌、腘绳肌

全程保持均匀呼吸。

### 要点提示

● 躯干不要向一侧倾斜。

身体呈仰卧姿势，肩部和双脚支撑，双臂放于体侧。一侧腿抬起，对侧脚脚掌着垫，双腿屈膝约90度。腹部和臀部收紧，髋部抬起，直至躯干与支撑腿大腿在一条直线上。保持该姿势至规定的时间，换对侧重复。

● 俯卧撑

撑起时呼气，下落时吸气。

训练目标 **力量**
训练部位 **手臂、胸部、肩部**
所需器材 **瑜伽垫**
主要肌肉 **胸大肌、三角肌前束、肱三头肌**

**1** 身体呈四点支撑姿势，核心收紧，背部挺直。双臂伸直，双手间距大于肩宽。

**要点提示**

● 身体在一条直线上，不要塌腰和抬臀。

**2** 身体下落至肘部屈曲90度。推起身体，回到起始姿势，完成规定的次数或时间。

● 跪姿俯卧撑

**要点提示**

● 躯干和大腿在一条直线上，不要塌腰和抬臀。

撑起时呼气，下落时吸气。

训练目标 **力量**
训练部位 **手臂、胸部、肩部**
所需器材 **瑜伽垫**
主要肌肉 **胸大肌、三角肌前束、肱三头肌**

**1** 双手和双膝触垫支撑，核心收紧，背部挺直。双臂伸直，双手间距大于肩宽。

**2** 身体下落至肘部屈曲90度。推起身体，回到起始姿势，完成规定的次数或时间。

## 弹力带-站姿-飞鸟

| | |
|---|---|
| 训练目标 | 力量 |
| 训练部位 | 胸部 |
| 所需器材 | 弹力带 |
| 主要肌肉 | 胸大肌 |

双臂内收时呼气。

### 要点提示

● 动作过程中，避免耸肩。

**1** 双脚分开站立，将弹力带中段置于背后并用双手握住弹力带的两端。双手掌心向前，双臂侧平举，保持弹力带有一定的张力。

**2** 保持双臂肘关节角度不变，双臂内收，双手掌心相对，做飞鸟练习。回到起始姿势，完成规定的次数。

## 俯卧-模拟游泳姿（自由泳）

| | |
|---|---|
| 训练目标 | 力量 |
| 训练部位 | 全身 |
| 所需器材 | 瑜伽垫 |
| 主要肌肉 | 身体后侧链肌群 |

### 要点提示

● 动作过程中，保持核心收紧，肩胛骨向后收，避免过度仰头。

发力时呼气。

**1** 身体呈俯卧姿势，双腿伸直，脚尖着地。保持核心收紧，肩胛骨向后收，躯干发力使上半身抬起，同时将双臂和双腿抬起。一侧手臂伸直向前推出，对侧手臂伸直向后推出，同时身体转向后手臂侧。

**2** 换对侧重复。双臂交替进行，模拟自由泳动作，完成规定的次数。

## ● 俯卧—模拟游泳姿（蛙泳）

发力时呼气，还原时吸气。

**1**

身体呈俯卧姿势，双臂屈曲收于身体两侧。双腿伸直，脚尖抬起。

**2**

保持核心收紧，双臂伸直向前，然后向身体两侧画圈、收回，模拟蛙泳动作。

**3**

回到起始姿势，完成规定的次数。

### 要点提示

● 动作过程中，保持核心收紧，躯干发力使上半身抬起。

训练目标 **力量**

训练部位 **全身**

所需器材 **瑜伽垫**

主要肌肉 **身体后侧链肌群**

# 肺活量测试

肺活量指尽力吸气后，从肺内所能呼出的最大气量，是潮气量、补吸气量和补呼气量之和，或深吸气量与补呼气量之和。潮气量指每次呼吸时吸入或呼出的气量。补吸气量指平静吸气末再尽力吸气所能吸入的气量。补呼气量指平静呼气末再尽力呼气所能呼出的气量。深吸气量指从平静呼气末开始做最大吸气所能吸入的气量[6]。肺活量能反映肺部的容量，是评价心肺功能的常用指标之一，其受性别、体重、呼吸肌力量强弱等因素的影响。过去人们使用肺活量体重指数来评价心肺功能，但考虑到体重等形态指标的后天变异常常超过身体机能指标的变化，在2014年修订的《标准》中，就用肺活量替代了肺活量体重指数来评价心肺功能。在肺活量测试中，学生要在没有时间限制的情况下，深吸一口气后向肺活量计的吹气嘴呼气。呼气停止或中断时，肺活量计上的数值不再增长，此时显示的数值就为肺活量测试成绩。肺活量测试能帮助监控学生心肺功能的发展情况，而心肺功能是个体体质健康综合评价体系的核心要素之一。

## ◎ 影响因素

影响肺活量的因素主要有性别、年龄、体形和身体成分、呼吸肌力量和心肺功能强弱等。通常，学生的肺活量会随年龄的增长而增加，且男生的肺活量普遍大于同年龄段的女生的肺活量。对于个体而言，肺活量主要受体形和身体成分、呼吸肌强弱和心肺功能的影响。

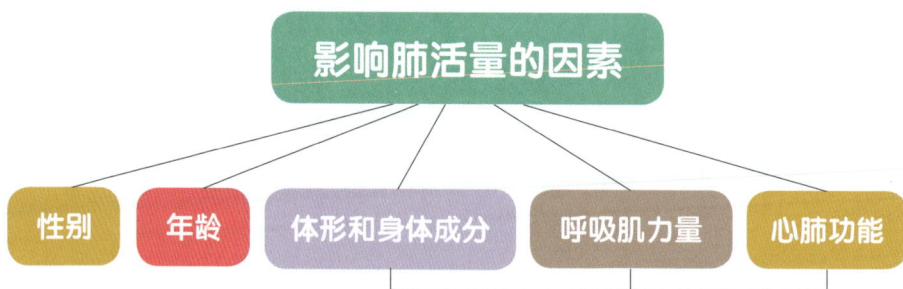

**影响肺活量的因素**

性别　年龄　体形和身体成分　呼吸肌力量　心肺功能

对个体而言，肺活量主要受这几个因素的影响。

## ● 体形和身体成分

　　肺活量会随着儿童和青少年的生长发育而发生相应的变化，身高、体重、胸围等体形方面的变化都可能对肺活量产生一定的影响[7]。还有研究表明，身体中的肌肉占比更高、脂肪占比更低的儿童和青少年普遍拥有更大的肺活量[8]。因此，饮食均衡和包含适当体力活动的生活方式能促进生长发育、优化身体成分，有助于肺活量的增加。

## ● 呼吸肌力量

　　呼吸肌包括肋间肌、膈肌和腹壁肌等，它们在神经的支配下控制着个体的呼吸。平静状态下，吸气时，呼吸肌收缩，胸腔增大；呼气时，呼吸肌舒张，胸腔减小。强有力的呼吸肌能吸入和呼出更多的气体，因此，通过一些呼吸训练方法强化呼吸肌，对肺活量的增加有一定的帮助。

## ● 心肺功能

　　人体通过呼吸系统摄入外界的氧气，通过循环系统将氧气运输到参与身体活动的骨骼肌中，再将体内生成的废气（如二氧化碳等）借呼吸系统排至体外。在这个过程中，人体摄入氧气、运输氧气的能力被称为心肺功能。心肺功能是决定个体肺活量大小的主要因素，是增加肺活量的关键。因此，通过一定的耐力性训练增强心肺功能，是增加肺活量的主要途径之一。

## ◎ 测试规则

1　面朝肺活量计站立，慢慢吸气至最大限度。

2　屏气，然后对准吹气嘴，以中等速度和力量吹气。可通过前倾、弯曲上半身来辅助吹气。

## ◎ 要点提示

● **测试前准备**

测试前应进行充分的热身，做一些扩胸练习和呼吸练习。

● **测试时注意**

**①** 吸气时不要耸肩，用嘴巴尽可能多地吸气。

**②** 呼气时，持吹气嘴的手稍稍用力以防漏气；注意匀速呼气，呼气过快可能导致吹气嘴与嘴巴之间出现缝隙，呼气过慢可能导致肺活量计无法感受到气体；保持连续呼气，直至将全部气体呼出。

**③** 即将将全部气体呼出时，前倾身体，用力呼出剩余的所有气体，此时应注意持吹气嘴的手保持用力，避免因身体前倾导致漏气。

**NO!**

吹气嘴和嘴之间不要有缝隙

不要耸肩

## ◎ 综合训练指导

考虑到五、六年级学生的心肺功能已经有了一定的发展，且训练时间可能随着学习任务的增加而减少，因此更建议他们进行以全身性练习为主的强度较高、间歇时间较短的训练，以快速增强心肺功能。但是，对于没有运动基础或刚开始接触这类训练的学生来说，训练强度不宜过高，避免给心脏带来过重的负担，影响其正常动作。此外，该年龄段学生的独立性、自主意识较强，而心肺功能训练相对来说强度较高，无运动经验或兴趣的学生很难坚持。教师应多向学生科普体育锻炼的好处，并在训练过程中以学生为主体，发展其对此类运动的兴趣。这一类型的训练能量消耗较大，教师应在训练前后提醒学生适度补充能量，以及在训练中及时补水，要求学生一旦感觉身体不适及时报告。

同时，教师还要辅以针对呼吸肌的训练，并教授学生腹式呼吸的方法。腹式呼吸不仅能增加肺容量、降低静息时的血压[9]，还能有效地缓解心血管系统的应激反应[10]，调节身心状态。在训练的间歇，教师也要提醒学生使用腹式呼吸，以调整呼吸节奏，达到更好的休息效果。

## ◎ 典型问题与解决建议

### ● 肺活量小

肺活量小的学生在课上、课下要多进行有助于提升肺活量的练习。推荐进行以下3类练习。

(1) 有氧运动，尤其是游泳。

(2) 吹气练习，如吹气球等。

(3) 吹奏乐器练习，对吹奏乐器感兴趣的学生可多进行相应练习。

一部分五、六年级的学生已找到自己喜欢且适合自己的有氧运动，教师应培养他们规律地进行有氧运动的习惯，同时，也应指导他们进行一些憋气和吹气练习。

## ● 测试时呼气存在问题

这类学生在呼气时主要存在以下3个方面的问题。

**①** 吹气嘴与嘴巴之间出现缝隙，导致漏气。

**②** 呼气速度过快或过慢。

**③** 未将气体完全呼出就停止呼气。

## ◎ 其他注意事项

良好的体态对于人体胸腔的打开非常有帮助，而打开胸腔可以允许更多的空气进入肺部，这在一定程度上能提升肺活量。因此，教师要培养学生保持良好的体态，尤其要保证其上半身的体态良好，及时对学生的不良体态进行纠正。

## ◎ 针对性提升练习

### ● 腹式呼吸

全程用鼻子缓慢地吸气，用嘴缓慢地呼气。

训练目标 心肺功能
所需器材 无

**1** 自然站立，双手叉腰，抬头挺胸，目视前方。缓慢地吸气，使腹部像一个小气球一样鼓起。

**2** 缓慢地呼气，腹部自然内收。吸气后呼气为1次。完成规定的次数。

### ● 运送气球

训练目标 心肺功能
所需器材 气球、胶布
游戏形式 与父母或朋友比一比，看谁最先完成规定的次数

找到适合自己的吹气方向和频率，保证气球不落地。

#### 要点提示

● 因为要向前运送气球，所以直直地向上吹气球是不可取的，应向斜上方吹气球，这样既能保证气球向前运动，又能保证气球不会落在地上。

● 在室外进行该练习时，应注意风的影响。

用胶布标出起点线和终点线。将气球吹满气后在气球口处打结。站在起点线后，适当仰头。双手持气球并将其移至嘴巴上方，然后松开双手，不断对着气球吹气，使其始终飘浮在空中。以这种状态将气球从起点线处运送到终点线处为完成1次。完成规定的次数或时间。注意，一旦气球落地，就需要返回起点线处重新开始。

## 双脚左右跳

全程保持均匀呼吸。

### 要点提示

● 跳跃时核心收紧，脚不要拖地，注意髋关节、膝关节和踝关节协同发力。

训练目标　灵敏性
训练部位　腿部、核心
所需器材　无
主要肌肉　下肢肌群、核心肌群

**1** 身体呈运动姿站立，双臂微屈收于身体两侧，重心位于前脚掌。

**2** 保持背部挺直，核心收紧，双脚前脚掌着地，有节奏且连续地向左、向右快速小跳。控制节奏由慢变快，直至达到最快速度，并尽可能保持最快速度几秒再减速。完成规定的次数。

## 慢跑

训练目标　有氧耐力
训练部位　全身
所需器材　无
主要肌肉　全身

全程保持均匀呼吸。

### 要点提示

● 身体保持稳定，双臂不要左右摆动。

**1** 身体呈直立站姿，双脚分开，约与肩同宽，核心收紧，背部挺直，双臂自然垂于身体两侧，目视前方。

**2** 慢跑时，双臂屈曲置于身体两侧，交替摆臂。完成规定的距离或时间。

## ● 双脚前后交替跳

训练目标 爆发力、灵敏性、速度　　所需器材 无
训练部位 腿部、核心　　　　　　主要肌肉 下肢肌群、核心肌群

全程保持均匀呼吸。

**1** 身体呈运动姿站立，双脚分开，约与肩同宽。

**2** 保持背部挺直，一只脚向前跳，另一只脚向后跳，体会小腿肌群的快速发力，同时双臂自然前后摆动。

**3** 换对侧重复。双脚有节奏且连续地前后交替跳，完成规定的时间或次数。

### 要点提示

- 全程核心收紧，身体面向前方。
- 动作过程中，尽可能保持上下肢的协调。

## ● 开合跳

> 随着动作的节奏均匀呼吸。

**1**

身体呈直立姿势，双腿分开，略小于肩宽。双臂伸直，自然垂于身体两侧，目视前方。

**2**

保持核心收紧，双脚向上跳起并打开，双臂伸直并经身体两侧向上移动。

### 要点提示

● 跳跃和落地过程中，保持核心收紧，同时膝关节和脚尖一致向前。

| | |
|---|---|
| 训练目标 | 灵敏性、协调性、心肺功能 |
| 训练部位 | 全身 |
| 所需器材 | 无 |
| 主要肌肉 | 肩部肌群、下肢肌群 |

**3**

落地时，双脚分开，双手在头顶上方轻轻触碰。落地后随即再次跳起，双臂下摆，双脚靠拢。回到起始姿势，完成规定的时间或次数。

## ● 波比跳

训练目标 灵活性、灵敏性、心肺功能
训练部位 全身
所需器材 瑜伽垫
主要肌肉 全身

全程保持均匀呼吸。

**1** 身体呈直立姿势，双臂伸直，自然垂于身体两侧，目视前方。

**2** 保持核心收紧，屈髋屈膝下蹲，双手触垫。双臂伸直，双手支撑，伸髋伸膝，双脚同时向后跳，至头部、躯干和双腿在一条直线上。

### 要点提示

● 保持一定的运动节奏。

**3** 屈髋屈膝，双脚跳回，呈下蹲姿势。起身跳起，同时双臂伸直并经身体两侧向上移动，直至双手在头顶上方轻轻触碰。

**4** 回到起始姿势，完成规定的次数或时间。

● 战士二式

全程保持均匀呼吸。

**1**

双脚开立，距离大于肩宽，双腿伸直，脚尖向前。挺胸直背，双臂侧平举。

**2**

一侧脚外旋，膝关节屈曲，重心移动至大腿内侧有一定的牵拉感，保持该姿势约2秒，换对侧重复。两侧交替进行，完成规定的次数或时间。

**要点提示**

● 保持核心收紧，背部
挺直。

训练目标　柔韧性

训练部位　腿部

所需器材　无

主要肌肉　耻骨肌、大收肌、长收肌

## ● 鸟式

全程保持均匀呼吸。

训练目标　柔韧性、力量

训练部位　肩部、小腿

所需器材　无

主要肌肉　三角肌前束、小腿肌群

### 要点提示

● 保持核心收紧，双腿伸直。

**1** 身体呈站立姿势，核心收紧，背部挺直，双臂伸直，自然垂于身体两侧。

**2** 双腿同时蹬地发力，提踵，抬高身体重心，同时双臂向后伸，保持伸直状态，保持该姿势约2秒。回到起始姿势，完成规定的次数或时间。

## ● 半月式

训练目标　柔韧性

训练部位　核心

所需器材　无

主要肌肉　腹内斜肌、腹外斜肌、竖脊肌、腰方肌

全程保持均匀呼吸。

### 要点提示

● 动作过程中，保持骨盆稳定，避免身体前倾或后仰。

**1** 双脚并拢站立。双臂于头部两侧伸直上举，双手手掌对合。

**2** 核心收紧，背部挺直，下肢不动，躯干向一侧屈。保持该姿势约2秒，换对侧重复。两侧交替进行，完成规定的次数或时间。

## ● 军人爬行–纵向

训练目标　**力量、协调性、稳定性**
训练部位　**全身**
所需器材　**无**
主要肌肉　**全身**

发力时呼气。

**要点提示**

● 动作过程中，臀部尽量不要抬起太高。
● 对侧肢体协同发力。

**1** 身体呈四点支撑姿势，双手手肘和双脚脚尖着地，手肘间的距离略大于肩宽。尽可能保持躯干和双腿在一条直线上。

**2** 核心收紧，一侧腿发力，最大限度地向前屈髋并外展，同时对侧手肘向前移动，接着换另一侧的腿和手肘向前移动。两侧交替向前移动，也可以向后移动。完成规定的距离。

# 50 米跑测试

# 4.1 认识 50 米跑测试

50米跑是直线短跑项目，能综合评价个体的移动速度、反应速度和灵敏性等身体素质的水平[1]。在50米跑测试中，起跑指令发出后计时开始，学生躯干部位通过终点线后计时停止，时间精确到0.1秒（按小数点后第2位非0即进1的规则），所花时间即为50米跑测试成绩。在测试期间，学生不能抢跑和串道。50米跑测试能在一定程度上反映学生中枢神经系统的机能状态和神经、肌肉的调节功能，具有重要的意义。

## ◎ 影响因素

爆发力和速度耐力学生在50米跑测试中表现为快速达到较高速度并保持该速度的能力，对50米跑测试成绩会产生决定性的影响。此外，手臂力量、跑步动作和核心力量关乎跑步过程中力的产生和传导，快速反应能力决定学生对起跑信号的反应速度，它们都会对50米跑测试成绩产生一定的影响。

**影响50米跑测试成绩的因素**

- 爆发力和速度耐力
- 手臂力量
- 跑步动作和核心力量
- 快速反应能力

### ● 爆发力和速度耐力

爆发力指人体进行高功率输出的能力。它不是一项单一的身体素质，而是力量和速度的组合。速度耐力也被称为无氧耐力，指人体持续高功率输出的能力。50米跑以无氧代谢为主，要求学生全程保持最快的速度，是强度极高的跑步项目。跑步时，爆发力好的个体能更快地达到最快的速度，速度耐力好的个体则能更持久地保持最快的速度，因而，这两类个体均能在50米跑测试中占据优势。

### ● 手臂力量

人体运动时手臂和腿部的摆动是协调统一的，因此手臂快速、大幅度的摆动对腿部的摆动起着重要的主动带动作用[11]。而发展手臂力量有助于提高摆动速度，因此，提升手臂力量能够促进腿部的摆动，也在一定程度上有助于提升50米跑测试成绩。

## ● 跑步动作和核心力量

　　不同类型的跑步项目，甚至同一类型跑步项目的不同阶段都有其最合适的跑步动作，使用正确的动作有助于提高跑步的经济性并预防损伤。在50米跑测试中，学生应主动向上抬大腿并积极地向下、向后蹬，这样有助于从地面获得向前的推进力；躯干应保持在中立位，避免过度前倾、后仰或前后摆动，这样可以避免不必要的能量消耗；跑步过程中，对侧的手臂和腿部同时摆动，这样可以保证身体的协调与稳定[11]。提升核心力量能够使躯干更加稳定，让跑步动作更协调、到位。

## ● 快速反应能力

　　快速反应能力是个体在短时间内识别刺激，做出判断，并执行动作技能的能力。在50米跑测试中，反应较快的个体能快速地对起跑信号做出反应，缩短起跑所用的时间，从而在该环节取得优势。

### ◎ 测试规则

**1** 一般采用站立式起跑，听到"预备"的口令时集中注意力。

采用站立式起跑。

**2** 听到"跑"的口令后，沿跑道快速地跑向终点线，起跑口令发出后计时开始。

**3** 躯干部位越过终点线的垂直面时停止计时。测试成绩以秒为单位，精确到0.1秒，采用小数点后第二位数非0则进1的规则进行记录，例如10.51秒会被记录为10.6秒。

## ◎ 要点提示

### ● 测试前准备

测试前应进行充分的热身，穿合适的运动服和跑鞋。

### ● 测试时注意

**1** 做起跑准备时，双脚不要踩实地面；集中注意听起跑信号，不要抬头看裁判。

**2** 起跑后，慢慢地抬高重心，以防摔倒。

**3** 跑步时，身体不要后仰，双臂不要左右摆动。

**4** 冲过终点线后再减速。

**5** 跑步过程中不可串道。

NO!

起跳准备时，双脚不要踩实地面　　跑步时，身体不要后仰　　跑步时，双臂不要左右摆动

# 4.2 50 米跑测试针对性提升训练

## ◎ 短跑技术学习

### ● 准备姿势

双脚前后开立，间距为一脚或一脚半的长度，抬起后脚脚跟，后膝屈曲，前膝微屈。上半身向前倾至将重心放在前腿上即可，不可向前倾太多，双臂呈摆臂状。

### ● 起跑

听到起跑信号后起跑，前腿蹬地，后腿前摆，身体保持前倾，双臂积极、有力地前后摆动。

### ● 加速跑

在起跑后的前几步，双臂和双腿积极、充分地摆动，同时慢慢地抬高重心。在这个过程中，注意使用前脚掌着地。

### ● 途中跑

大腿主动地向上抬，抬至最高点后积极地向下压，小腿向后折叠，落地时双脚积极地"扒地"。双臂也要积极、有力地前后摆动。上半身处于中立位，保持平衡、稳定，避免晃动。

### ● 冲刺跑

在跑至距终点线约2米的位置时，加大躯干前倾角度，全力冲过终点线后再减速。

## ◎ 综合训练指导

在五、六年级学生50米跑的及格时间（五年级男生为10.8秒，女生为11.1秒；六年级男生为10.6秒，女生为11.0秒）内，人体更多地依赖无氧能量系统供能，主要的供能途径为磷酸原系统（ATP-CP），其次为糖酵解系统。磷酸原系统由体内的磷酸肌酸供能，其特点是供能速度快，但持续时间短，持续时间一般为10秒左右；糖酵解系统由体内的肌糖原和肝糖原供能，当人体以无氧的状态进行运动时（如在50米跑和100米跑中），这种供能形式会使体内产生乳酸，而大量堆积的乳酸会使肌肉疲劳、无力，难以维持最快速度。因此，针对50米跑的训练，应以高强度、持续时间短（10秒左右）的爆发性练习为主，以增强磷酸原系统供能的能力，同时辅以高强度、持续时间稍长（30秒左右）且间歇短的速度耐力练习，以增强人体耐乳酸的能力，发展速度耐力。

五、六年级学生的50米跑测试成绩的提升练习，侧重于发展爆发力及手臂、腿部和核心肌肉的耐力和力量。提升核心力量能帮助学生在跑步过程中保持躯干稳定，减少不必要的能量消耗。五、六年级学生的训练方案比中低年级学生的更具挑战性，训练强度、训练量等都有所提升，对运动能力的要求也有所提高。切记，五、六年级学生训练时，动作的完成质量比完成数量更重要。对于没有运动基础的学生，应循序渐进地提高训练强度和增加训练量，避免因追求速度而忽略动作的准确性，造成不必要的损伤。

## ◎ 典型问题与解决建议

### ● 起跑慢

起跑慢的学生主要存在两个问题：快速反应能力较差和起跑时不够专心。针对前一个问题，教师应组织学生进行提升快速反应能力的针对性训练。针对后一个问题，教师可以指导学生经常性地进行模拟测试，让他们逐渐养成在测试时全神贯注、不在起跑期间左顾右盼的习惯，并且在考试前反复提醒。五、六年级学生起跑慢更多是因为他们的快速反应能力较差，教师应指导他们进行针对性的练习。处于这个阶段的学生的生理和心理进一步发展，可进行一些强度较高、形式较复杂的练习，如结合摆臂的起跑练习，即在起跑前进行摆臂练习。

### ● 摆臂存在问题

学生的摆臂问题主要集中在两个方面：摆臂错误和摆臂慢。解决前一个问题的办法是指导学生进行原地或行进间的摆臂练习，教师注意提示学生正确摆臂的要点：双臂前后摆动且向前摆时手臂不越过身体中线。解决后一个问题的办法是在学生摆臂姿势正确的前提下，要求他们在摆臂练习中逐渐加快速度，同时进行一些提升上肢力量的练习。

### ● 摆腿、落地存在问题

学生的摆腿、落地问题主要集中在两个方面：摆腿慢和双脚落地沉重。出现这两个问题的原因均可能是下肢力量不足和跑步姿势错误，因此教师应指导学生进行一些提升下肢力量的练习及短距离跑练习，在短距离跑练习中不断提示学生正确跑步的要点。

### ● 未沿直线跑、左顾右盼

50米跑测试规定，整个跑步过程中学生只能在自己的跑道里跑。然而有些学生在跑步时会遗忘这一点，容易串到他人的跑道中。还有些学生习惯在跑步时观察他人，尤其喜欢回头看他人距离自己还有多远，这在一定程度上会影响他的跑步速度，从而影响最终的测试成绩。在五、六年级学生中，仍存在此类现象，教师应在平时的训练中进行窄道跑、直线跑练习，让学生养成正确的习惯。

### ● 未到终点线便减速

未到终点线便减速也是影响50米跑测试成绩的典型问题。针对这个问题，教师应指导学生进行稍长于50米的跑步练习，如70米跑，同样应在模拟测试和正式测试前反复提醒他们冲过终点线后再减速。

## ◎ 针对性提升练习

### ● 50米跑

全程保持均匀呼吸。

**训练目标** 速度
**所需器材** 胶布

**要点提示**

● 50米跑过程中，注意双臂和双腿的姿势，同时保持核心收紧，身体稳定。
● 冲过终点线之后再减速。

用胶布标记起跑线和终点线（间距50米）。以标准跑步姿势从起跑线跑至终点线。完成规定的次数。

### ● 70米跑

全程保持均匀呼吸。

**训练目标** 速度
**所需器材** 胶布

用胶布标记起跑线和终点线（间距70米）。以标准跑步姿势从起跑线跑至终点线。完成规定的次数。

**要点提示**

● 70米跑过程中，注意双臂和双腿的姿势，同时保持核心收紧，身体稳定。
● 冲过终点线之后再减速。

## ● 摆动手臂

坐姿

全程保持均匀呼吸。

训练目标 跑步姿势、力量
所需器材 无

### 要点提示

● 上臂应以肩关节为轴充分摆动。
● 双臂前后摆动而不是左右摆动，手臂向前摆时不应越过身体中线。
● 摆动双臂时，核心收紧，身体保持稳定。

**1** 身体呈坐姿，双腿向前伸直。双臂屈曲约90度，上臂自然垂于身体两侧。上半身挺直并稍稍前倾。

**2** 以肩关节为轴，双臂紧绷并交替前后摆动。手臂应向前摆至手越过肩部，向后摆至手越过髋部。双臂交替前后摆动为1次，完成规定的次数。

站姿

**1** 身体呈站姿，双脚分开与肩同宽。双臂屈曲约90度，上臂自然垂于体侧。上半身挺直并稍稍前倾。

**2** 以肩关节为轴，双臂紧绷并交替前后摆动。手臂应向前摆至手越过肩部，向后摆至手越过髋部。双臂交替前后摆动为1次，完成规定的次数。

## ● 坐姿起跑

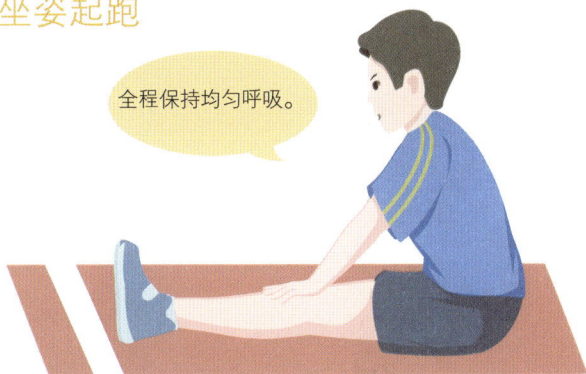

全程保持均匀呼吸。

训练目标 起跑、快速反应能力
所需器材 胶布

用胶布标记起跑线和终点线。面对起跑线，坐在起跑线后的地面上，双腿向前伸直。听到起跑信号后，迅速起身向前奔跑。跑到终点线后，回到起跑线。完成规定的次数。

### 要点提示

● 从坐姿起身时，可屈曲优势腿，用优势手和优势脚撑地，身体向优势侧倾斜。然后在起身至一半时，优势脚蹬地，对侧脚向前迈步，同时优势臂向前摆，对侧臂向后摆，快速起跑。

## ● 坐姿背身起跑

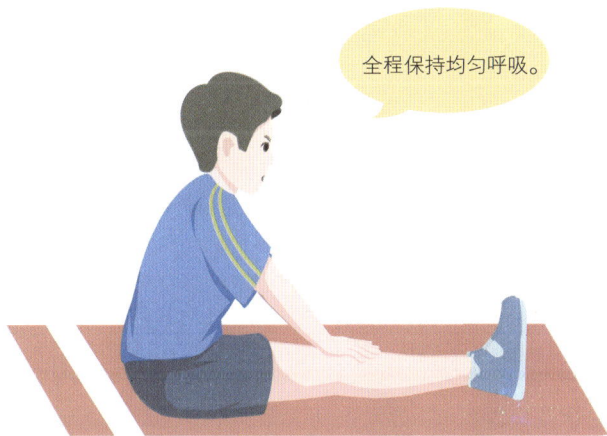

全程保持均匀呼吸。

训练目标 起跑、快速反应能力
所需器材 胶布

用胶布标记起跑线和终点线。背对起跑线，坐于起跑线后的地面上，双腿向前伸直。听到起跑信号后，迅速起身并向后转身，向前奔跑。跑到终点线后，回到起跑线。完成规定的次数。

### 要点提示

● 从坐姿起身时，可屈曲优势腿，用非优势手和优势脚撑地，身体向非优势侧倾斜。然后在起身至一半时，优势脚蹬地，对侧脚向前迈步，同时优势臂向前摆，对侧臂向后摆，快速起跑。

## ● 军步走-原地

随着动作节奏均匀呼吸。

### 要点提示

- 动作过程中保持核心收紧。
- 单腿支撑时保持身体稳定。

训练目标　强化基本动作模式
训练部位　臀部、腿部
所需器材　无
主要肌肉　下肢肌群

**1** 身体呈直立站姿，双脚开立，小于肩宽，双臂自然垂于身体两侧。

**2** 保持背部挺直，核心收紧。抬一侧腿，屈髋屈膝至大腿与地面平行，双臂自然摆动，呈踏步姿势。抬起腿落地的同时用力蹬地，换对侧腿抬起。两侧交替进行，完成规定的时间或次数。

## ● 军步走-纵向

随着动作节奏均匀呼吸。

### 要点提示

- 动作过程中保持核心收紧。
- 单腿支撑时保持身体稳定。

训练目标　强化基本动作模式
训练部位　臀部、腿部
所需器材　无
主要肌肉　下肢肌群

**1** 身体呈直立站姿，双脚开立，小于肩宽，双臂自然垂于身体两侧。

**2** 保持背部挺直，核心收紧。抬一侧腿，屈髋屈膝至大腿与地面平行，双臂自然摆动，呈踏步姿势。抬起腿落地的同时用力蹬地，同时重心前移，换对侧腿抬起。双腿交替前进，完成规定的次数或距离。

## ● 深蹲跳

训练目标 力量、爆发力
训练部位 臀部、腿部
所需器材 无
主要肌肉 下肢肌群

下蹲时吸气，跳起时呼气。

第 4 章 50 米跑测试

### 要点提示

● 保持核心收紧，背部挺直。
● 下蹲时膝盖不要超过脚尖。

**1** 双脚开立，与肩同宽，核心收紧，屈髋屈膝下蹲，双臂后摆，置于体侧。

**2** 快速伸髋伸膝，向上跳起，落地时，屈髋屈膝缓冲。回到起始姿势，完成规定的次数。

## ● 徒手蹲-相扑式

训练目标 力量
训练部位 臀部、腿部
所需器材 无
主要肌肉 下肢肌群

### 要点提示

● 保持核心收紧，背部挺直。
● 下蹲时膝盖不要超过脚尖。

下蹲时吸气，恢复时呼气。

**1** 双脚开立，大于肩宽。双脚外展，夹角约为90度。挺胸直背，核心收紧，双臂自然垂于体前。

**2** 屈髋屈膝下蹲至大腿与地面平行，双臂保持伸直。快速站起，回到起始姿势，完成规定的次数或时间。

## ● 跳远

训练目标　力量、爆发力
训练部位　腿部、臀部
所需器材　无
主要肌肉　下肢肌群

下蹲时吸气，跳起时呼气。

**1** 双脚开立，与肩同宽，挺胸直背，双臂自然垂于身体两侧。保持核心收紧，双臂上摆的同时脚跟抬离地面，用前脚掌撑地。

**2** 快速屈髋屈膝下蹲，双臂同时快速下摆。然后伸髋伸膝，双脚蹬地发力，向前向上跳起，同时双臂上摆，身体充分伸展。通过最高点后下落时，双腿迅速向前伸。落地时，屈髋屈膝缓冲。回到起始姿势，完成规定的次数。

### 要点提示

● 起跳时，蹬地快速有力，腿蹬和手摆协调。
● 起跳后，身体在空中充分伸展。
● 把握好双腿前伸的时机，落地后身体向前不向后。

● 栏架-双脚跳-纵向-有反向

手臂向后向下摆动，预蹲时吸气。手臂向前向上摆动，起跳时呼气。

**1** 身体呈直立姿势，面向栏架站立，双脚分开，约与肩同宽，核心收紧，背部挺直，双臂向上伸直。

**2** 屈髋屈膝快速下蹲，双臂快速下摆至体后。然后双臂快速上摆，快速伸髋伸膝，双脚蹬离地面，向前跳过栏架。

**3** 落地时，屈髋屈膝缓冲，同时双臂下摆至体后。保持落地姿势1~2秒。回到起始姿势，完成规定的次数。

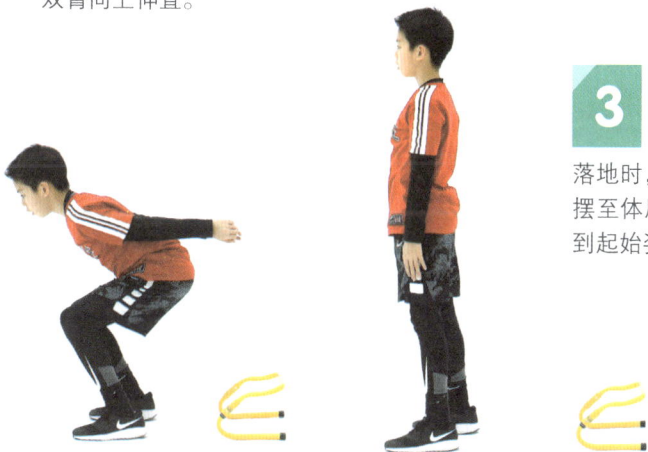

### 要点提示

- 整个过程中，保持核心收紧，背部挺直。
- 以手臂摆动带动身体快速蹬地发力，伸髋伸膝，完成起跳。
- 蹬地快速有力，腿蹬地和手臂摆动要协调，强调离地前前脚掌瞬间蹬地的动作。
- 起跳后，身体充分伸展，跳至最高点。
- 落地时，注意屈髋屈膝缓冲，保持身体稳定。

训练目标 爆发力、稳定性

训练部位 臀部、腿部

所需器材 栏架

主要肌肉 下肢肌群

● 栏架–双脚跳–横向–有反向

手臂向后向下摆动，预蹲时吸气。手臂向前向上摆动，起跳时呼气。

**1** 身体呈直立姿势，侧对栏架站立，双脚分开，约与肩同宽，核心收紧，背部挺直，双臂向上伸直。

**2** 屈髋屈膝快速下蹲，双臂快速下摆至体后。然后双臂快速上摆，快速伸髋伸膝，双脚蹬离地面，侧向跳过栏架。

训练目标  **爆发力、稳定性**
训练部位  **臀部、腿部**
所需器材  **栏架**
主要肌肉  **下肢肌群**

**3** 落地时，屈髋屈膝缓冲，同时双臂下摆至体后。保持落地姿势1~2秒。回到起始姿势，完成规定的次数。

## 要点提示

● 整个过程中，保持核心收紧，背部挺直。
● 以手臂摆动带动身体快速蹬地发力，伸髋伸膝，完成起跳。
● 蹬地快速有力，腿蹬地和手臂摆动要协调，强调离地前前脚掌瞬间蹬地的动作。
● 起跳后，身体充分伸展，跳至最高点。
● 落地时，注意屈髋屈膝缓冲，保持身体稳定。

● 栏架-单脚跳-纵向-无反向

手臂向前向上摆动，起跳时呼气。

**1** 单腿屈髋屈膝，面向栏架站立，身体前倾，双臂位于体后，背部挺直。

**2** 双臂快速上摆，下肢肌群协同发力，以手臂摆动带动身体快速伸髋伸膝，起跳脚蹬离地面，向前跳过栏架。起跳脚单脚落地，同时屈髋屈膝。保持落地姿势1~2秒。

训练目标　爆发力、稳定性、平衡性
训练部位　臀部、腿部
所需器材　栏架
主要肌肉　下肢肌群

**要点提示**

● 整个过程中，保持核心收紧，背部挺直。
● 以手臂摆动带动身体快速蹬地发力，伸髋伸膝，完成起跳。
● 蹬地快速有力，腿蹬地和手臂摆动要协调，强调离地前前脚掌瞬间蹬地的动作。
● 起跳后，身体充分伸展，跳至最高点。
● 落地时，注意屈髋屈膝缓冲，保持身体稳定。

**3** 抬起脚落下，双脚站立，身体恢复直立。完成规定的次数，换对侧重复。

## ● 栏架–单脚跳–横向–向内–无反向

手臂向前向上摆动，起跳时呼气。

**1** 侧对栏架站立，靠近栏架一侧的腿抬离地面，躯干前倾，双臂位于体后，背部挺直。

**2** 双臂快速上摆，下肢肌群协同发力，以手臂摆动带动身体快速伸髋伸膝，起跳脚蹬离地面，侧向跳过栏架。起跳脚单脚落地，屈髋屈膝，双臂后摆。保持落地姿势1~2秒。

**训练目标** 爆发力、协调性、平衡性

**训练部位** 臀部、腿部

**所需器材** 栏架

**主要肌肉** 下肢肌群、核心肌群

### 要点提示

● 整个过程中，保持核心收紧，背部挺直。

● 以手臂摆动带动身体快速蹬地发力，伸髋伸膝，完成起跳。

● 蹬地快速有力，腿蹬地和手臂摆动要协调，强调离地前前脚掌瞬间蹬地的动作。

● 落地时，注意屈髋屈膝缓冲，保持身体稳定。

**3** 抬起腿落下，双脚站立，身体恢复直立。完成规定的次数，换对侧重复。

## ● 栏架–高抬腿–横向–左右连续–1栏架

全程保持均匀呼吸。

**1** 侧对栏架，单腿站立，呈屈髋屈膝的高抬腿姿势，核心收紧，背部挺直。

**2** 下肢肌群协同发力，支撑脚蹬地，对侧脚横跨过栏架，落地后支撑身体。蹬地脚紧跟着跨过栏架，保持屈髋屈膝的高抬腿姿势。

训练目标　爆发力、协调性、灵敏性
训练部位　臀部、腿部
所需器材　栏架
主要肌肉　下肢肌群

**3** 腾空脚横跨过栏架，落地后支撑，对侧脚紧跟着跨过栏架，同样保持屈髋屈膝的高抬腿姿势。双脚交替落地支撑，完成规定的次数。

### 要点提示

- 整个过程中，保持核心收紧，背部挺直。
- 跨过栏架的速度要快。
- 前脚掌蹬地的速度要快。
- 手臂要协调摆动。

## 栏架–双脚跳–旋转–无反向–90度

手臂向前向上摆动，起跳时呼气。

**要点提示**

- 跳跃和落地过程中，膝盖和脚尖一致向前。

**1** 屈髋屈膝，侧对栏架站立，双脚开立，约大于肩宽，躯干前倾，双臂位于体后，背部挺直。

**2** 双臂快速上摆，以手臂摆动带动身体，下肢协同发力，快速伸髋伸膝，双脚蹬离地面，身体旋转90度跳过栏架。

**训练目标** 爆发力、协调性、灵敏性

**训练部位** 臀部、腿部

**所需器材** 栏架

**主要肌肉** 下肢肌群

**3** 落地时，屈髋屈膝缓冲，同时双臂下摆至体后。保持落地姿势1~2秒，然后身体恢复直立。换另一个方向重复上述步骤。完成规定的次数。

## 栏架–双变单–纵向–有反向

训练目标 爆发力、平衡性

训练部位 臀部、腿部

所需器材 栏架

主要肌肉 下肢肌群

手臂向后向下摆动，预蹲时吸气。

**1** 身体直立，面向栏架站立，双脚分开，约与肩同宽，双臂向上伸直。屈髋屈膝快速下蹲，双臂快速下摆至体后。

### 要点提示

- 整个过程中，保持核心收紧，背部挺直。
- 以手臂摆动带动身体快速蹬地发力，伸髋伸膝，完成起跳。
- 蹬地快速有力，腿蹬地和手臂摆动要协调，强调离地前前脚掌瞬间蹬地的动作。
- 起跳后，身体充分伸展，跳至最高点。
- 落地后注意屈髋屈膝缓冲，保持身体稳定。

手臂向前向上摆动，起跳时呼气。

**2** 双臂快速上摆，下肢肌群协同发力，快速伸髋伸膝，双脚蹬离地面，向前跳过栏架。

**3** 单脚落地，同时屈髋屈膝，双臂后摆。保持落地姿势1~2秒。回到起始姿势，完成规定的次数。换对侧重复。

## ● 弹力带–跳跃踢臀

跳起时呼气。

**1**

站立，双腿分升，与肩同宽。将弹力带内端固定在身体正后方，中段绕过腹部，保持弹力带有一定的张力。双臂伸直，双手举过头顶。

**2**

屈髋屈膝下蹲，双臂摆至体后，然后下肢肌肉发力，向上跳起，双脚脚跟触碰臀部，双臂用力上摆。

### 要点提示

● 动作过程中，保持身体稳定，核心收紧。

**3**

双臂后摆，双脚落地，屈髋屈膝缓冲。回到起始姿势，完成规定的次数。

训练目标　**力量、爆发力**

训练部位　**臀部、腿部**

所需器材　**弹力带**

主要肌肉　**下肢肌群**

## ● 弹力带–阻力跳上踏板

训练目标 爆发力
训练部位 臀部、胸部、核心
所需器材 弹力带、踏板
主要肌肉 核心肌群、下肢肌群

**1** 将弹力带两端固定在身体正后方，中段绕过腹部。双脚开立，与髋同宽，站在距离踏板20~30厘米处，保持弹力带有一定的张力。

**2** 双臂快速上摆，随即屈髋屈膝下蹲，双臂下摆至体后。

跳跃时呼气或屏气，落地时吸气。

### 要点提示

● 动作过程中，核心收紧，背部挺直。
● 落地时，身体保持稳定，膝盖和脚尖一致向前。

**3** 快速伸髋伸膝，双臂上摆，向上向前跳起。双脚落在踏板上，屈髋屈膝缓冲，双臂下摆至体后。回到起始姿势，完成规定的次数。

## ● 侧桥

训练目标 **力量、稳定性**
训练部位 **核心**
所需器材 **瑜伽垫**
主要肌肉 **核心肌群**

全程保持均匀呼吸。

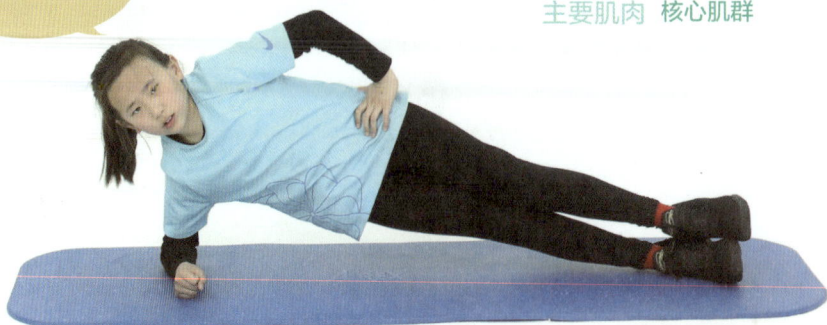

身体呈侧卧姿势，双腿伸直，双脚并拢，一只脚侧面触垫支撑，触垫肘关节屈曲90度，前臂触垫支撑，肘部位于肩部正下方，对侧手叉腰，髋部抬离垫面。保持该姿势至规定的时间，换对侧重复。

### 要点提示

● 保持核心收紧，背部挺直。
● 身体在一条直线上。

## ● 侧桥-抬腿-静态

全程保持均匀呼吸。

训练目标 **力量、稳定性**
训练部位 **核心**
所需器材 **瑜伽垫**
主要肌肉 **核心肌群、髋外展肌**

**1** 身体呈侧卧姿势，双腿伸直，双脚并拢，一只脚侧面触垫支撑，触垫肘关节屈曲90度，前臂触垫支撑，肘部位于肩部正下方，对侧手叉腰。

### 要点提示

● 保持核心收紧，背部挺直。

**2** 保持背部挺直，核心收紧，抬起非支撑侧腿。保持该姿势至规定的时间，换对侧重复。

## ● 臀桥–抱膝式

训练目标 力量、稳定性
训练部位 核心、臀部、腿部
所需器材 瑜伽垫
主要肌肉 核心肌群、臀大肌、腘绳肌

**1** 仰卧，一侧腿屈膝，脚跟触垫支撑。对侧腿屈髋屈膝抬起，双手抱住该侧膝盖。

全程保持均匀呼吸。

**2** 腹部和臀部收紧，抬起髋部至躯干与支撑腿的大腿在一条直线上。保持该姿势至规定的时间，换对侧重复。

### 要点提示

● 保持核心收紧，背部挺直，
身体不向一侧倾斜。

● **标准臀桥－静态**

全程保持均匀呼吸。

训练目标 **力量、稳定性**
训练部位 **核心**
所需器材 **瑜伽垫**
主要肌肉 **核心肌群**

**1** 身体呈仰卧姿势。双腿屈膝，脚尖勾起，脚跟触垫，双手自然放在身体两侧。

**2** 腹部和臀部收紧，抬起髋部，使躯干与大腿在一条直线上。保持该姿势至规定的时间。

● **标准臀桥－动态**

全程保持均匀呼吸。

**1** 身体呈仰卧姿势。双腿屈膝，脚尖勾起，脚跟触垫，双手自然放在身体两侧。

**2** 腹部和臀部收紧，抬起髋部至躯干与大腿在一条直线上，保持1~2秒。回到起始姿势，完成规定的次数。

训练目标 **力量、稳定性**
训练部位 **核心**
所需器材 **瑜伽垫**
主要肌肉 **核心肌群**

## 哑铃-直腿硬拉

俯身时吸气，还原时呼气。

训练目标　力量
训练部位　臀部、大腿
所需器材　哑铃
主要肌肉　腘绳肌、臀大肌、竖脊肌

### 要点提示

● 运动过程中，保持背部挺直，膝关节不要屈曲。

**1** 双脚开立，与肩同宽。双手各握一只哑铃，自然垂于身体前侧，掌心向后。屈髋俯身至背部与地面接近平行。

**2** 臀部与大腿后侧发力，伸髋站起。回到起始姿势，完成规定的次数。

## 哑铃-站姿-基本弯举-双臂

手臂屈曲时呼气，恢复时吸气。

训练目标　力量
训练部位　手臂
所需器材　哑铃
主要肌肉　肱二头肌、肱肌

### 要点提示

● 运动过程中，保持身体稳定，上臂紧贴身体。

**1** 双脚开立，与肩同宽。双手各握一只哑铃垂于身体前侧，掌心向前。

**2** 上臂紧贴身体，发力屈臂，使哑铃最大限度地靠近双肩。回到起始姿势，完成规定的次数。

## ● 哑铃-站姿-反向弯举-双臂

手臂屈曲时呼气，恢复时吸气。

训练目标　力量
训练部位　手臂
所需器材　哑铃
主要肌肉　肱二头肌、肱桡肌、肱肌、
　　　　　旋前方肌、旋前圆肌

**要点提示**

● 运动过程中，保持身体稳定，上臂紧贴身体。

**1** 双脚开立，与肩同宽。双手各握一只哑铃垂于身体前侧，掌心向后。

**2** 上臂紧贴身体，发力屈臂，使哑铃最大限度地靠近双肩，且掌心转为向前。回到起始姿势，完成规定的次数。

## ● 哑铃-站姿-颈后臂屈伸-双臂-单铃

手臂伸直时呼气，恢复时吸气。

训练目标　力量
训练部位　手臂
所需器材　哑铃
主要肌肉　肱三头肌

**要点提示**

● 运动过程中，保持身体稳定，上臂紧贴耳侧。

**1** 双脚开立与肩同宽。双手握一只哑铃，双臂伸直，将哑铃举于头顶。

**2** 肘关节屈曲，下放哑铃，使前臂低于头顶位置。上臂后侧发力，回到起始姿势，完成规定的次数。

# 坐位体前屈测试

坐位体前屈测试能反映个体的关节灵活性，肌肉和韧带的弹性、伸展性，是综合评价个体柔韧性的常用测试之一。柔韧性是提升身体素质和形成运动技能的基础，且其发展贯穿整个学生时期[1]。在坐位体前屈测试中，学生的双腿和双臂均需伸直，脚踩测试纵板，身体前屈，手匀速地推游标至身体的极限，此时游标对应的读数即为坐位体前屈测试成绩。需要注意的是，测试纵板内沿平面对应0刻度，靠近学生的一侧为负值，远离学生的一侧为正值。一般来说，个体缺乏锻炼时，体质水平的下降大多是从柔韧性下降开始的。因此，坐位体前屈测试成绩的变化还能在一定程度上反映学生进行体育锻炼的情况。

## ◎ 影响因素

柔韧性是影响坐位体前屈测试成绩的主要因素。

### ● 柔韧性

柔韧性指人体在运动过程中完成大幅度动作的能力，其受关节本身的结构特征、关节周围组织的体积和跨关节的韧带、肌腱、肌肉及皮肤的伸展性等因素的影响[3]。小腿后侧和大腿后侧、臀部和脊柱周围的肌肉、韧带等结缔组织的伸展性和腹部组织的体积都会影响个体的柔韧性，从而影响其上半身向前屈的幅度，因而这些因素对坐位体前屈测试成绩起着决定性的作用。

## ◎ 测试规则

**1** 坐于垫上，双脚完全踩在测试纵板上，调整身体位置，使双腿伸直并全程保持。

**2** 双臂保持向前伸直，双手带动躯干逐渐向前移动，用双手中指指尖将标尺上的游标缓慢地推向前方，直至极限。

双腿全程伸直，膝关节不要屈曲。

## ◎ 要点提示

### ● 测试前准备

**1** 测试前应进行充分的热身，适当拉伸下肢、下背部和肩部肌群。

**2** 身穿宽松的服装。

### ● 测试时注意

**1** 测试时，双脚抵在测试纵板的最外侧，膝关节不要屈曲。

**2** 肩部柔韧性较好的学生可使用双臂伸直且双手交叉的姿势。

**3** 预拉伸并深吸气，然后缓慢呼气并向前俯身，双手缓慢匀速地向前推游标，不可猛推。

**4** 测试时，双手中指均应接触游标，不要单手接触游标。

## NO!

膝关节不要屈曲

不要单手接触游标

# 5.2 坐位体前屈测试针对性提升训练

## ◎ 综合训练指导

　　柔韧性训练对于提高坐位体前屈测试成绩而言是必不可少的。学生进行柔韧性训练之前，一定要进行热身，以提高肌肉的温度，降低其粘滞性，从而改善训练效果并预防损伤。学生进行柔韧性训练时，要使目标肌肉具有轻微至中等的牵拉感，并且逐步增大拉伸幅度。需要注意的是，柔韧性训练效果的保持时间较短，学生要想有效改善柔韧性或维持现有的柔韧性，最好每天都进行柔韧性训练。此外，现在的学生经常久坐，而五、六年级学生的课业负担又是小学阶段最重的，这导致他们的髋屈肌长期处于缩短的状态，因此他们还要重视对身体前侧肌肉的拉伸，从而避免肌肉柔韧性和力量的不均衡导致的发育异常。例如，对臀部肌群和大腿后侧肌肉进行拉伸后，还要对髂腰肌、大腿前侧肌肉进行拉伸，以保持骨盆区域前后肌肉的平衡。

　　五、六年级学生的各个身体系统进一步发育，他们对于神经肌肉的控制能力更强，对于身体的各种感受也更加敏感，因此本书包含了针对更精细肌群的泡沫轴练习和拉伸练习，以及动作难度更大、对目标肌肉的刺激更强的动态练习。这些练习既能锻炼更多的小肌群，又能提高柔韧性训练的丰富程度。

## ◎ 典型问题与解决建议

### ● 柔韧性差

　　与坐位体前屈测试成绩相关度较高的是足底、小腿后侧、大腿后侧、下背部和肩部的柔韧性，教师应指导学生进行针对性的练习。

## ◎ 其他注意事项

　　学生应尽量避免久坐。无论是坐着学习还是进行休闲活动，每过一个小时学生都要起身活动几分钟再继续。此外，腹部脂肪堆积较多的学生要合理控制饮食，同时多进行体力活动，以适当减轻体重，改善腹部脂肪堆积的情况。

## ● 筋膜球–足底

训练目标 柔韧性　　所需器材 筋膜球、瑜伽垫
训练部位 足底筋膜　主要肌肉 无

单腿站立，将非支撑脚置于筋膜球上。非支撑脚前后、左右移动，让筋膜球按压足底所有区域。重复动作至规定的时间。换对侧重复。

### 要点提示

● 通过调整身体重心来控制按压力度。应使用适中的按压力度。力度太小，按压效果较差。力度太大，会带来不适感甚至造成损伤。

## ● 腘绳肌–被动拉伸–单腿屈髋

髋关节屈曲时呼气，还原时吸气。

训练目标 柔韧性

训练部位 大腿

所需器材 无

主要肌肉 腘绳肌

### 要点提示

● 拉伸腿尽可能伸直。

**1** 一侧脚在前，对侧脚在后支撑，前侧脚脚跟撑地，后侧腿尽量伸直，双手置于前侧腿的膝关节上方。

**2** 腿部不动，身体前倾直至大腿后侧有一定的牵拉感，保持该姿势至达到规定的时间。换对侧重复。

## ● 毛毛虫纵向爬行

训练目标 **柔韧性**
训练部位 **全身**
所需器材 **无**
主要肌肉 **腹部肌群**

全程保持均匀呼吸。

**1** 身体呈直立站姿，双脚分开，约与肩同宽，核心收紧，背部挺直，双臂自然垂于身体两侧，目视前方。保持核心收紧，屈髋俯身，使双手触地，保持双腿伸直，但不要锁死。

**2** 保持双脚位置不变，双手交替向前移动。

**3** 当头部、躯干和双腿在一条直线上时，挺胸抬头，使身体呈反弓形，并注意保持双腿不要触地。

### 要点提示

● 爬行过程中，核心收紧，躯干保持稳定，不要左右晃动。

**4** 保持双手位置不变，抬起臀部，双脚交替向前，靠近双手。回到起始姿势，完成规定的次数。

● 早安式弓步　训练目标　柔韧性　　所需器材　无
　　　　　　　训练部位　臀部、腿部　主要肌肉　臀大肌、腘绳肌

起身时吸气，俯身时呼气。

要点提示

● 动作过程中，核心收紧，背部挺直。

**1** 身体呈直立站姿，挺胸直背，双臂自然垂于身体两侧。保持一只脚位置不动，对侧脚向前迈出，呈弓步姿势，后侧腿蹬直。

**2** 俯身至躯干大致与地面平行，双臂自然垂于肩部下方。保持2~3秒，抬起身体。完成规定的时间或次数，换对侧重复。

● 身体向上、向下伸展

要点提示

● 身体保持稳定，向上和向下伸展至最大幅度。

全程保持均匀呼吸。

训练目标　柔韧性
训练部位　腿部
所需器材　无
主要肌肉　下肢肌群

**1** 身体呈直立站姿，核心收紧，背部挺直，双脚并拢，双臂自然垂于身体两侧，挺胸抬头，目视前方。双臂同时上举，双手掌心贴紧，伸展至最大限度。

**2** 屈髋俯身，双腿保持伸直，双手尽量向下伸展至最大限度。回到起始姿势，完成规定的次数或时间。

● 泡沫轴-臀肌

**要点提示**

● 滚动泡沫轴时核心收紧，重点体会臀部的按压感。

全程保持均匀呼吸。

训练目标 柔韧性、恢复再生、激活放松
训练部位 臀部
所需器材 泡沫轴、瑜伽垫
主要肌肉 臀部肌群

**1** 身体呈坐姿，双臂伸直，双手撑于体后，屈髋屈膝，将泡沫轴置于臀部下方，双臂内旋，手指指向前方。

**2** 身体移动，使泡沫轴在臀部来回滚动，滚动时在肌肉酸痛点上停留一段时间。完成规定的次数或时间。

● 泡沫轴-腘绳肌

训练目标 柔韧性、恢复再生、激活放松
训练部位 大腿
所需器材 泡沫轴、瑜伽垫
主要肌肉 腘绳肌

全程保持均匀呼吸。

**1** 身体呈坐姿，双臂伸直，双手撑于体后，一侧腿伸直，泡沫轴置于该侧大腿下方，对侧腿屈曲置于下侧腿上。

**要点提示**

● 滚动泡沫轴时核心收紧，重点体会腘绳肌的按压感。

**2** 双手推地，使泡沫轴在大腿后侧来回滚动，滚动时在肌肉酸痛点上停留一段时间。完成规定的次数或时间，换对侧重复。

## ● 泡沫轴-臀中肌

● 滚动泡沫轴时核心收紧，重点体会臀中肌的按压感。

**训练目标** 柔韧性、恢复再生、激活放松

**训练部位** 臀部

**所需器材** 瑜伽垫、泡沫轴

**主要肌肉** 臀中肌

**1** 身体呈坐姿，一侧手撑垫，将身体抬离地面，同侧腿伸直，对侧腿屈膝，对侧脚撑垫，将泡沫轴置于伸直腿侧臀部下方，对侧手置于膝关节处，身体偏向伸直腿一侧。

全程保持均匀呼吸。

**2** 身体移动，使泡沫轴在臀部来回滚动，滚动时在肌肉酸痛点上停留一段时间。完成规定的次数或时间，换对侧重复。

## ● 主动拉伸腹肌、三角肌和髋屈肌-动态弓式

**训练目标** 柔韧性

**训练部位** 腹部、肩部、髋部

**所需器材** 瑜伽垫

**主要肌肉** 腹直肌、三角肌、髋屈肌、股四头肌

均匀呼吸，随着拉伸幅度的增加加深呼吸深度。

**1** 身体呈俯卧姿势，双腿屈膝，双手抓住同侧脚脚背或脚踝，目视垫面。

**要点提示**

● 双膝间距不要过大。

**2** 头部后仰，躯干后倾，身体呈反弓形，同时双手向上拉动脚背或脚踝使双膝离地，直至目标肌肉有一定牵拉感。完成规定的时间或次数。

第 5 章 坐位体前屈测试

## ● 腘绳肌拉伸

**训练目标** 柔韧性　　**所需器材** 瑜伽垫

**训练部位** 臀部、腿部　　**主要肌肉** 腘绳肌、臀部肌群

全程保持均匀呼吸。

**要点提示**

● 拉伸腿尽可能伸直。

身体呈仰卧姿势，一侧腿自然伸直置于垫上，对侧腿伸直抬高，垂直于地面，同时双手交叉，抱住抬高腿。双手向内拉抬高腿，直至该侧腿腘绳肌有一定的牵拉感。保持该姿势至规定的时间，换对侧重复。

## ● 臀肌和梨状肌被动拉伸-仰卧4字形

全程保持均匀呼吸。

**要点提示**

● 颈部、肩部放松。

**1** 仰卧，双腿屈曲，一侧脚置于对侧腿的大腿上，双腿呈4字形。双手交叉抱住下方大腿，将腿抬起。

**训练目标** 柔韧性

**训练部位** 臀部

**所需器材** 瑜伽垫

**主要肌肉** 臀大肌、梨状肌

**2** 双手抱住大腿并将其拉向胸部，直至目标肌肉有一定的牵拉感。保持该姿势至规定的时间，换对侧重复。

## ● 臀肌和梨状肌被动拉伸 – 舞者动作

全程保持均匀呼吸。

训练目标　柔韧性
训练部位　臀部
所需器材　瑜伽垫
主要肌肉　臀大肌、梨状肌

**1** 身体呈坐姿，一侧腿屈膝置于身体前侧，对侧腿伸直置于身体后侧，躯干尽量直立，手臂伸直，双手撑于垫子上。

### 要点提示

● 颈部、肩部放松。

**2** 肘关节屈曲，上半身逐渐向瑜伽垫靠近，直至目标肌肉有一定的牵拉感。保持该姿势至规定的时间，换对侧重复。

## ● 弹力带 – 仰卧 – 腘绳肌拉伸

训练目标　柔韧性
训练部位　大腿
所需器材　瑜伽垫、弹力带
主要肌肉　腘绳肌

### 要点提示

● 动作过程中，保持背部紧贴地面。
● 拉伸过程中，双腿始终伸直，踝关节背屈，非拉伸腿不要离开瑜伽垫。

**1** 身体呈仰卧姿势，将弹力带中段固定在拉伸腿的脚掌处，双手握住弹力带的两端，保持弹力带有一定的张力。

全程保持均匀呼吸。

**2** 双臂后拉弹力带，拉伸腘绳肌，保持该姿势至规定的时间，换对侧重复。

## ● 坐姿转体拉伸

训练目标  柔韧性
训练部位  背部、臀部
所需器材  瑜伽垫
主要肌肉  腰方肌、竖脊肌、臀中肌

全程保持均匀呼吸。

### 要点提示

● 颈部、肩部放松。

**1** 坐在瑜伽垫上，双腿伸直，躯干直立，双手撑在身体后侧。

**2** 一侧腿屈膝，跨过对侧腿，抵在对侧膝盖外侧。躯干向屈膝腿一侧旋转，对侧手臂抵住屈膝腿膝盖外侧。躯干继续向后转动至目标肌肉有一定的牵拉感。保持该姿势至规定的时间，换对侧重复。

## ● 印度式俯卧撑

**1** 身体呈四点支撑姿势。双臂伸直，双手距离略大于肩宽。

还原时呼气，上
推时吸气。

### 要点提示

● 身体呈反弓形时，不要过
　度仰头。

**2** 头部抬起，臀部慢慢下沉，保持双臂伸直，使身体呈反弓形。

**3** 手部发力，核心收紧，双手推地，使髋部慢慢上移至手臂与躯干保持在一条直线上，使
身体呈倒V字形。

**4** 回到起始姿势，完成规定的次数或时间。

## ● 侧卧-股四头肌和髋屈肌拉伸

训练目标　柔韧性
训练部位　大腿、髋部
所需器材　瑜伽垫
主要肌肉　股四头肌、髋屈肌

**1** 身体呈侧卧姿势，头枕于近地侧手臂上，近地侧腿屈膝。对侧腿屈髋屈膝，对侧手臂伸直，手握住脚踝。

### 要点提示

● 保持背部挺直，拉伸时拉伸腿尽量抬起。

全程保持均匀呼吸。

**2** 用手将拉伸腿向臀部拉，直至该侧腿的股四头肌和髋屈肌有一定的牵拉感。保持该姿势至规定的时间，换对侧重复。

## ● 泡沫轴-股四头肌

全程保持均匀呼吸。

**1** 身体呈俯卧姿势，双臂屈肘支撑，前臂贴于瑜伽垫。将泡沫轴置于按压腿大腿前侧下方。对侧腿微屈膝置于按压腿上。

**2** 双臂发力带动身体移动，使泡沫轴在大腿前侧来回滚动，滚动时在肌肉酸痛点上停留一段时间。完成规定的次数或时间，换对侧重复。

### 要点提示

● 滚动泡沫轴时核心收紧，重点体会股四头肌的按压感。

训练目标　柔韧性、恢复再生、激活放松

训练部位　大腿

所需器材　泡沫轴、瑜伽垫

主要肌肉　股四头肌

## ● 燕式平衡-腘绳肌拉伸

均匀呼吸，随着拉伸幅度的增加加深呼吸深度。

**1** 身体呈直立姿势，背部挺直，双脚分开，间距小于肩宽，核心收紧，挺胸抬头，目视前方。

**2** 双臂侧平举，双手握拳，大拇指伸直朝上。身体前倾并向后抬起一侧腿，同侧臀部收紧，尽量保持头部、臀部与抬起侧脚的脚踝在一条直线上，持续1~2秒。

### 要点提示

● 俯身时，尽量保持头部、臀部和抬高腿在一条直线上。

训练目标　柔韧性

训练部位　大腿

所需器材　无

主要肌肉　腘绳肌

**3** 抬起侧腿放下，身体直立。身体交替前倾、直立，完成规定的次数。换对侧重复。

CHAPTER

第 **6** 章

# 1 分钟跳绳测试

# 6.1 认识1分钟跳绳测试

　　1分钟跳绳测试能够反映个体的灵敏性、协调性和腿部力量等身体素质水平。在1分钟跳绳测试中，学生两人一组，一人测试，一人计数。开始指令发出后，1分钟倒计时开始，测试学生开始跳绳，计数学生开始计数。学生应使用正摇双脚跳绳动作，每跳跃1次且摇绳1周计为1次。1分钟到，停止计数，此时计数学生所记录的次数即为测试学生的1分钟跳绳测试成绩。《标准》规定，1分钟跳绳测试具有一定的难度，为小学生体质健康测试的高优指标，也是学生锻炼身体的良好项目。

## ◎ 影响因素

　　1分钟跳绳是一个受协调性、速度耐力和灵敏性等因素综合影响的运动项目。

### ● 协调性

　　协调性指人体在运动过程中身体各器官、系统在时间和空间上相互配合完成动作的能力[3]。学生在快速跳绳时，只有摇动绳子的手臂与跳跃的腿部协调配合，才能减少失误，从而在1分钟内跳尽可能多的次数。

### ● 速度耐力

　　与在50米跑测试中需要尽可能久地保持最快速度一样，学生若能在1分钟内一直保持较快的跳绳速度，成绩自然也会更好。

### ● 灵敏性

　　灵敏性指个体面对各种突然的变化，迅速、准确、协调、灵活地完成动作的能力，是个体的各项运动技能和身体素质在运动中的综合表现。当在跳绳的过程中出现较小的失误时，灵敏性较好的个体可以迅速地通过调整身体姿态或跳绳速度来纠正这种失误，从而回到正常的跳绳节奏。

影响1分钟跳绳测试成绩的因素

协调性　　速度耐力　　灵敏性

## ◎ 测试规则

**1** 将跳绳调到适合自己的长度。

**2** 将跳绳置于身体后方，双手各握一个绳把。然后双手向前伸，拉紧跳绳，使跳绳的中间部分抵在小腿下侧的后方，形成跳绳准备姿势。

**3** 听到开始信号后，根据自己的熟练程度，采用正摇双脚跳或正摇双脚交替跳的方式进行跳绳。每跳跃1次且以绳穿过脚跟的方式摇绳1周，计为1次。

**4** 听到结束信号后停止跳绳，此时记录的跳绳次数即为1分钟跳绳测试结果。

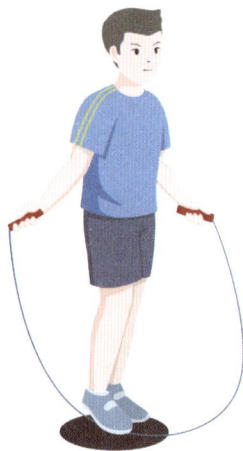

## ◎ 要点提示

### ● 测试前准备

**1** 测试前应进行充分的热身，尤其是手腕、膝关节和脚踝。

**2** 穿合适的运动服和跑鞋。

### ● 测试时注意

**1** 一定要将跳绳调节至合适的长度，手握绳把的中段。

**2** 跳绳过程中，上臂不要离开躯干，双手应低于双肘。

**3** 跳起时，双腿不要向后勾。

**4** 落地时应用前脚掌着地，不要停留过长时间。

**5** 保持有节奏的呼吸且身心放松，不必过于紧张。

**6** 失误后迅速调整，不慌不忙，保持自己的节奏。

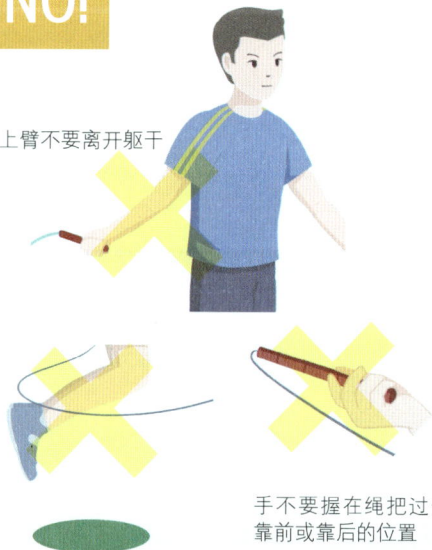

NO!

上臂不要离开躯干

跳起时不要向后勾腿

手不要握在绳把过于靠前或靠后的位置

# 6.2 1分钟跳绳测试针对性提升训练

## ◎ 跳绳技术训练

### ● 调节绳长

双手各握跳绳的一个绳把，脚踩跳绳的中段，跳绳的两端可以拉至腰部以上到胸部以下的高度即为适宜的高度。初学者一般可以将跳绳的两端拉至胸部的高度。

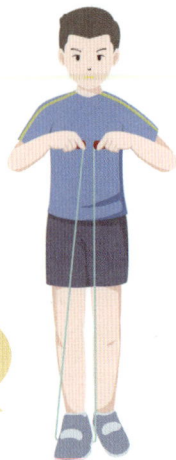

> 将绳子调节到合适的长度。

### ● 摇绳

测试时使用有绳把的跳绳，应采用拇指与其他四指分开、自然握住绳把的握法，握住绳把的中段，掌心朝前。上臂尽量贴近躯干两侧，前臂向外打开，以手腕为轴摇动跳绳，进行单臂摇绳和双臂摇绳练习。

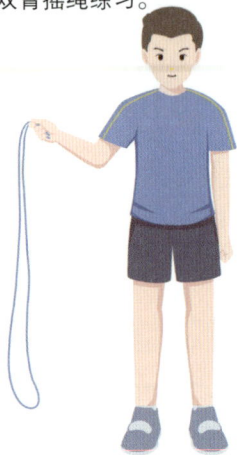

### ● 纵跳

双脚以前脚掌起跳和落地。跳起的高度不宜太高，一般为3~5厘米，跳得太高会影响跳绳的速度，跳得太低则容易失误，以刚好能越过跳绳为宜。起跳后，双膝在空中应保持自然放松的状态，无须刻意绷直或弯曲。落地时，双膝稍稍屈曲，起到缓冲的作用，避免给膝关节造成过大的负荷。落地后应立即再次起跳。进行原地双脚跳和原地双脚交替跳练习。

> 跳起 3~5 厘米，落地时双膝微屈。

## ● 手脚配合

遵循摇绳和纵跳的要点进行双臂摇绳和纵跳结合的练习，目标是做到手脚协调，把握好起跳时机，即在跳绳触碰地面的时候起跳。

## ● 跳绳

先进行双脚并脚跳绳练习：双手握住绳把中段，从后向前摇绳，跳绳触地的一瞬间双脚同时向上跳，让跳绳从脚下通过。熟练掌握双脚并脚跳绳技术后，可进行双脚交替跳绳练习：双手握住绳把中段，从后向前摇绳，跳绳触地的一瞬间双脚交替向上跳，让跳绳依次从双脚下通过。

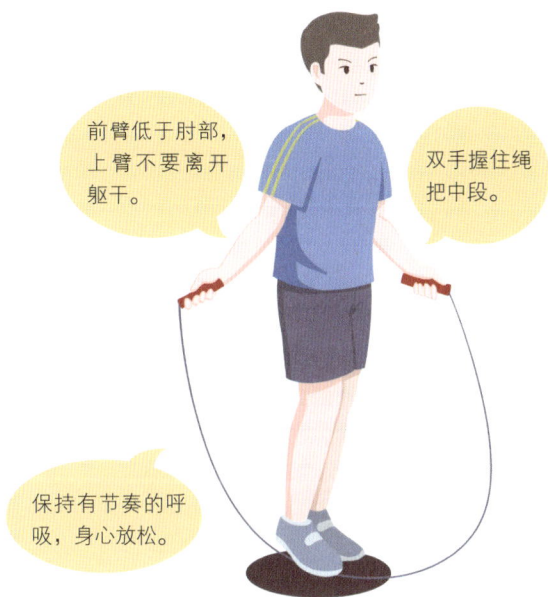

前臂低于肘部，上臂不要离开躯干。

双手握住绳把中段。

保持有节奏的呼吸，身心放松。

## ◎ 综合训练指导

1分钟跳绳测试成绩的提升以协调性训练为主。如果协调性较差的学生难以完成一些对协调性要求较高的练习，可以指导他们先分别练习上半身和下半身的动作，等学生熟悉动作以后再将其结合起来练习。此外，一些节拍类练习有助于增强学生的节奏感，以及提升他们的身体协调性。本书包含的节拍类练习的动作较为复杂，可以同时锻炼学生的协调性和腿部肌群力量、耐力。在训练时，教师可以根据学生的情况，加快节拍类练习的节奏或故意将节奏打乱，丰富动作的变化，以此来训练学生的反应能力，这有助于学生在跳绳过程中更快地纠正小失误，保持跳绳的节奏。此外，五、六年级学生可以进行一些小重量的针对性力量练习。

## ◎ 典型问题与解决建议

### ● 上臂离开身体、前臂位置过高、手腕外翻、身体歪斜

上臂离开身体、前臂位置过高、手腕外翻、身体歪斜均为学生易出现的摇绳问题，容易导致脚绊绳、消耗过多体力等情况。针对这些问题，教师应指导学生进行摇绳练习和手臂力量练习。其中，上臂离开身体最为常见，推荐使用的纠正办法包括让学生在上臂和躯干之间夹一张纸、将弹力带围绕在学生上臂处等，以此来强制学生的上臂紧贴躯干，帮助其养成正确的摇绳习惯。

### ● 全脚掌着地、跳得过高、勾脚跳、前后移动

全脚掌着地、跳得过高、勾脚跳、前后移动均为学生易出现的纵跳问题，容易导致消耗过多体力、脚勾绳等情况。针对这些问题，教师应指导学生进行纵跳练习。教师一定要帮助学生纠正全脚掌着地和跳得过高的问题，这两个问题既影响1分钟跳绳测试成绩，还会引起膝关节和脚踝损伤。五、六年级学生应重点练习自己的优势跳法，有针对性地解决优势跳法中存在的问题。

### ● 垫步跳、手脚不协调

出现垫步跳、手脚不协调这两个问题的学生往往掌握不好跳跃的时机，导致手臂摇绳的动作和双脚起跳的动作不协调。一般来说，五、六年级学生的跳绳技术已定型，对于仍存在该类问题的五、六年级学生来说，此问题具有一定的顽固性，改正难度很大，花费时间较长。教师应指导学生在课上和课下多进行针对性练习，例如双臂摇绳和纵跳结合的练习、协调性练习，并通过慢速跳绳练习改正错误、找到自己的节奏。同时，教师应帮助学生克服畏难和焦虑情绪，合理安排训练计划，帮助其逐渐改正问题。

### ● 耐力差

在测试的后半程，耐力较差的学生的跳绳速度往往会明显降低，导致整体跳绳数量下降，测试成绩不佳。针对这一问题，一方面教师应指导学生学会合理分配体能，在整个测试过程中均保持较高的速度。另一方面，学生在日常训练中可进行90秒跳绳练习。

### ● 失误多

较多的失误既会影响学生跳绳的节奏，又会影响学生测试时的心态，导致成绩大幅下降。教师一定要指导学生在出现失误后迅速找回自己的节奏，降低负面影响，也可通过100次不间断跳绳、100次限时不间断跳绳等练习，训练学生在较高速度的情况下保持较低的失误率。注意，教师应指导五、六年级学生使用自己的优势跳法完成相关练习。

## ◎ 针对性提升练习

### ● 标准跳绳

训练目标 协调性、跳绳速度、耐力
所需器材 跳绳

全程保持均匀呼吸。

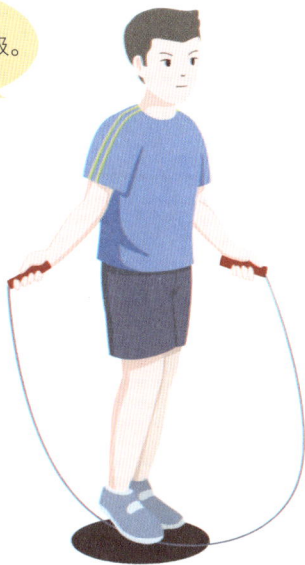

**要点提示**

- 以手腕为轴摇绳，手臂保持放松。
- 全程保持上臂紧贴躯干。

站立，双脚并拢。双手持跳绳绳把，上臂尽量紧贴躯干。双手向前伸，将跳绳中段抵在小腿后侧，拉紧跳绳。双手以手腕为轴向前摇绳。在跳绳被摇至身体前方即将接触地面时，双脚同时跳起，同时摇绳动作不停，让跳绳迅速从脚下通过，落地时跳绳被摇至身体后方。每跳1次且摇绳1周为完成1次。完成规定的次数。

### ● 慢速跳绳

使用标准跳绳姿势，以较慢的速度跳绳至规定的次数。

训练目标 协调性
所需器材 跳绳

**要点提示**

- 通过慢速跳绳练习来规范跳绳动作，找准跳跃时机，让手脚动作更协调，为后续提升跳绳速度打好基础。

### ● 70次（100次）不间断跳绳

使用标准跳绳姿势不间断地跳70（100）次。如在达到70（100）次之前失误，应重新计数。

训练目标 协调性、跳绳速度、耐力
所需器材 跳绳

**要点提示**

- 此练习的目的是为了降低在1分钟跳绳测试中的失误率，所以跳绳速度不宜过慢。

## ● 限时70（100）次不间断跳绳

使用标准跳绳姿势在规定时间内不间断地跳70（100）次。如在达到70（100）次之前失误，应重新计数。如未在规定时间内完成70（100）次连续跳绳，应再次进行该练习。

训练目标　协调性、跳绳速度、耐力
所需器材　跳绳、秒表

● 在确定该练习的规定时间时，应以1分钟跳绳测试的成绩为参考，定一个难度适宜但具有挑战性的时间。

## ● 单脚跳绳

全程保持均匀呼吸。

单腿站立，一侧腿伸直支撑于地面，对侧腿屈髋屈膝，脚悬空。双手持跳绳，背部挺直。连续跳绳至规定的次数，换对侧重复。

训练目标　平衡性、耐力
训练部位　腿部
所需器材　跳绳
主要肌肉　下肢肌群

### 要点提示

● 全程保持一定的节奏。
● 刚开始进行该练习时，允许学生为了保持平衡而使上臂离开身体。练习一段时间后，学生应尽可能使上臂紧贴身体。

## ● 交叉跳绳

训练目标　协调性、灵敏性
训练部位　全身
所需器材　跳绳
主要肌肉　下肢肌群

**1**

身体呈直立站姿，双臂微微外展，双手握住绳把。

全程保持均匀呼吸。

第6章　一分钟跳绳测试

**2** 下肢肌肉快速发力，跳起，完成第一次跳跃。在第二次起跳后，双臂在胸前左右交叉，完成第二次跳跃。此为完成1次交叉跳绳。完成规定的次数。

● 站姿-对侧-前后-手碰脚

全程保持均匀呼吸。

**1** 身体呈直立站姿，双脚开立，间距大于肩宽，双臂自然垂于身体两侧，保持核心收紧。

**2** 双脚跳动，同时一侧腿屈髋屈膝并用对侧手触碰，接着换对侧完成该动作。

训练目标　灵敏性、协调性
训练部位　全身
所需器材　无
主要肌肉　下肢肌群

**3** 向后屈膝并用对侧手在后方触碰，接着换对侧完成该动作。重复前后手碰脚动作，完成规定的次数。

### 要点提示

● 跳跃过程中，核心收紧，身体保持稳定。

## ● 双腿提踵

全程保持均匀呼吸。

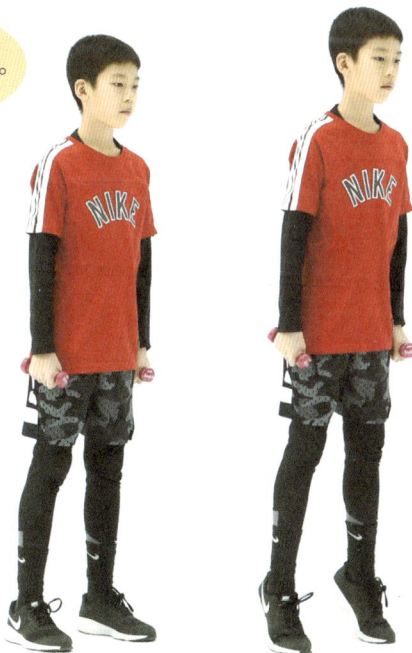

要点提示

● 保持核心收紧，双腿伸直。

训练目标　力量
训练部位　腿部
所需器材　无
主要肌肉　腓肠肌

**1**

双脚开立，与肩同宽，挺胸直背，核心收紧，双臂自然垂于身体两侧。

**2**

双脚脚跟抬离地面，脚尖着地，重心移向前脚掌。回到起始姿势，完成规定的次数。

## ● 哑铃-站姿-提踵-双腿

训练目标　力量
训练部位　腿部
所需器材　哑铃
主要肌肉　腓肠肌

全程保持均匀呼吸。

要点提示

● 运动过程中，核心收紧，背部挺直。

**1**

双脚开立，与肩同宽。双手各握一只哑铃，自然垂于身体两侧，掌心相对。

**2**

小腿后侧发力，双脚同时向上踮脚尖。回到起始姿势，完成规定的次数。

第 6 章　一分钟跳绳测试

## ● 哑铃–站姿–行走提踵

**1**

双脚开立，与肩同宽。双手各握一只哑铃，自然垂于身体两侧，掌心相对。

**2**

小腿后侧发力，脚跟抬起，前脚掌着地。

全程保持均匀呼吸。

### 要点提示

● 运动过程中，尽可能保持背部挺直，双腿伸直。

训练目标　**力量**
训练部位　**腿部**
所需器材　**哑铃**
主要肌肉　**腓肠肌**

**3**

保持脚跟抬起，向前行走至规定的距离。

## ● 标志棒-向前向后跳

全程保持均匀呼吸。

### 要点提示

● 保持核心收紧，动作连贯、迅速。
● 落地时不要踩到标志棒。

**1** 面向标志棒站立，双脚开立，与肩同宽，双臂自然垂于身体两侧。

**2** 屈髋屈膝，下肢肌肉快速发力，双脚蹬地，向前跳过标志棒，落地后迅速向后跳回。连续向前向后跳，完成规定的次数。

● 标志棒−侧向跳跃

全程保持均匀呼吸。

**1** 双脚平行于标志棒站立。双脚分开，约与肩同宽。

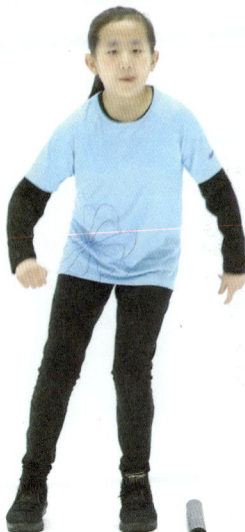

**2** 下肢肌肉快速发力，双脚蹬地，侧向跳过标志棒。

训练目标　灵敏性、爆发力

训练部位　臀部、腿部

所需器材　标志棒

主要肌肉　下肢肌群

**要点提示**

● 跳起时双脚蹬地，下肢发力。

● 落地时不要踩到标志棒。

**3** 落地后随即再次跳过标志棒，回到起始位置。重复侧向来回跳跃，完成规定的次数。

## ● 交叉腿

**1**

身体呈站姿，背部挺直，双脚开立，与髋同宽，双臂自然垂于身体两侧。

**2**

向上跳起，同时双脚交叉，双臂经身体两侧向上摆，落地时，双脚和双手均一前一后。

训练目标　**灵敏性**

训练部位　**全身**

所需器材　**无**

主要肌肉　**髋内收肌、髋外展肌、肩部肌群**

全程保持均匀呼吸。

**3**

再次向上跳起，同时双脚交换位置，双臂经身体两侧向下摆，落地时，双脚一前一后，双臂自然垂于身体两侧。如此循环进行，完成规定的次数。

### 要点提示

● 全程保持上半身面向前方。

● 落地后应随即跳起，保持动作连贯。

## ● 后踢步

发力时呼气，还原时吸气。

**1** 站于踏板前，背部挺直，双脚开立，与髋同宽，双臂自然垂于身体两侧。

**2** 保持上半身稳定，一侧腿屈膝屈髋，踏上踏板，对侧腿向后伸直悬空。然后双手握拳置于胸前，身体屈髋前倾。

训练目标　力量、稳定性

训练部位　下肢、核心

所需器材　踏板

主要肌肉　臀部肌群、股四头肌、腘绳肌、比目鱼肌、腓肠肌、核心肌群

**3** 悬空腿落地，对侧脚踏下踏板，回到起始姿势。完成规定的次数，换对侧重复。

### 要点提示

● 动作过程中，保持背部挺直和上半身稳定。

● 踏上踏板和身体前倾时，膝盖和脚尖一致向前。

## ● 侧抬腿步

侧抬腿时呼气。

**1** 侧对踏板站立，背部挺直，目视前方。

**2** 靠近踏板一侧腿屈髋屈膝，迈步上踏板，身体重心转移至踏板上的腿且该侧腿伸直，对侧腿伸直且向外打开，双臂侧平举，维持身体平衡。

训练目标　力量、稳定性
训练部位　髋部、大腿
所需器材　踏板
主要肌肉　髋外展肌、臀大肌、股四头肌

**要点提示**

● 单腿站立时，保持身体平衡。

**3** 悬空腿落地，对侧脚踏下踏板，回到起始姿势。完成规定的次数，换对侧重复。

● 飞越巅峰

训练目标　力量、协调性
训练部位　下肢、臀部
所需器材　踏板
主要肌肉　下肢肌群

全程均匀呼吸。

**1** 站于踏板一侧，双臂自然垂于体侧。

**2** 靠近踏板的一侧（内侧）脚踏上踏板，同时双臂外展，上臂抬高。

**3** 外侧脚踏上踏板，双脚站于踏板之上，同时双臂内收，在体前交叉。

**4** 原本的内侧脚踏下踏板，同时双臂外展，上臂抬高。

**5** 原本的外侧脚踏下踏板，双脚站于踏板之下，同时双臂内收，回到起始姿势。完成规定的次数或时间。

## 要点提示

● 一侧腿发力踏上踏板时，髋、膝和踝应在同一条力线上且向前。
● 动作过程中，注意手脚协调。

# 1 分钟仰卧起坐测试

# 7.1 认识1分钟仰卧起坐测试

1分钟仰卧起坐测试是评估腹部肌群力量和耐力的常用测试之一。腹部肌群处于人体的核心区域，会对人体的运动能力产生一定的影响。通过1分钟仰卧起坐测试监测学生的腹部肌群力量和耐力，有助于教师及时发现学生腹部肌群力量不足的问题，引导他们积极进行相关锻炼。在1分钟仰卧起坐测试中，学生应仰卧屈膝，双脚固定，起身时双肘触及或超过膝关节，落地时两侧肩胛骨触垫。在起身的过程中，学生不应用双肘撑垫或使臀部离开垫面。值得注意的是，测试时切忌双手发力起身，这样会对颈椎造成一定的伤害。

## ◎ 影响因素

1分钟仰卧起坐测试成绩主要受腹部肌群的力量和速度耐力水平影响。

### ● 腹部肌群的速度耐力

与在50米跑、1分钟跳绳等测试中需要尽可能久地保持最快速度一样，学生若能在1分钟仰卧起坐测试中保持高功率输出，以尽可能快的速度重复正确的动作，测试成绩自然会较好。

## ◎ 测试规则

**①** 按照测试人员的要求，将计数装置放置在规定的位置上。仰卧于垫上，双腿稍稍分开，双膝屈曲约90度，双手手指交叉，置于头部后方。调整自己与计数装置的位置，让自己更加舒服。

**②** 听到开始口令后，抬起上半身至双肘触及或超过双膝，然后恢复仰卧姿势，此为完成1次，记录1分钟内完成的次数。注意，抬起上半身时臀部不能离开垫面，恢复仰卧姿势时两侧肩胛骨必须触垫。

**③** 分钟计时结束时，如上半身未抬起或上半身已抬起但双肘未触及或超过双膝，则该次不被计数。

## ◎ 要点提示

### ● 测试前准备

**①** 测试前应进行充分的热身，激活腹部肌群。

**②** 穿宽松的服装。

### ● 测试时注意

**①** 双肘可靠近，但双手不要发力，否则容易造成颈部损伤。

**②** 规避易犯规点：抬起上半身时双肘撑地、臀部离开垫面、双肘未触及或超过双膝，恢复仰卧姿势时两侧肩胛骨未触垫等。出现以上任意一种情况，该次将不被计数。

**③** 卷腹、屈髋抬起上半身时呼气，向下恢复仰卧姿势时吸气，避免憋气。

## NO!

臀部不要离升垫面

起身时不要憋气

不要用力抱头

## ◎ 综合训练指导

要想提高学生1分钟仰卧起坐测试成绩，就需要加强他们腹部肌群的力量和速度耐力。但是，切忌只锻炼腹部肌群。人体是一个整体，前和后、左和右的肌肉力量和紧张度应均衡，因此锻炼腹部肌群的同时绝不能忽视背部肌群。我们可以将腹部肌群和背部肌群看作一前一后附着在骨盆上的两根绳子，若前者的力量强于后者，则会使前侧的"绳子"将骨盆前侧向上拉，从而导致骨盆后倾，影响人体正常的生长发育。

五、六年级学生即将或已经步入青春期，骨骼和肌肉的发育速度较快，但心血管系统的发育速度相对较慢，跟不上骨骼和肌肉，二者的生长发育不平衡。因此，在学生训练的过程中，教师要提醒他们均匀呼吸，千万不能憋气，否则会导致腹腔气压增加、血压升高，进而给发展速度较慢的心脏带来较大的负担。尤其是在进行包含卷腹动作的练习时，教师应提醒学生在腹部肌群用力、向上起身时呼气，恢复至起始姿势时吸气，还可以让他们将双手抱于胸前或轻捏耳朵，避免双手给予颈椎过大的压力，造成颈部损伤。此外，这种类型的练习对腹部肌群的刺激较大，两次训练间最好相隔24小时以上，让肌肉有充足的休息时间。

此外，一些五、六年级的女学生可能已经历"初潮"。教师需要特别注意，当她们处于生理期时，最好不要让她们进行腹部练习，以免腹压升高，对子宫造成负面影响。

## ◎ 典型问题与解决建议

### ● 动作不合标准

五、六年级学生在该测试上已具备一定的经验，具有该问题的学生的比例低于三、四年级的学生，但仍有一部分学生存在该问题。在平时的练习中，教师应反复强调要点，要求学生严格遵守测试规范，同时多进行模拟测试，让他们能在快速做动作的同时使动作合乎标准。此外，正式测试前的要点提醒也必不可少。

### ● 腹部肌群的速度耐力不够

腹部肌群的速度耐力不够会使得学生无法在1分钟内以标准的动作完成较多的次数，这是导致学生1分钟仰卧起坐测试成绩不佳的根本原因。因此，教师应指导学生进行适当的腹部力量训练。

## ◎ 针对性提升练习

### ● 侧卧-单肘单脚撑-并脚

全程保持均匀呼吸。

训练目标 **力量、稳定性**
训练部位 **核心**
所需器材 **瑜伽垫**
主要肌肉 **核心肌群**

**要点提示**

● 动作过程中，身体保持稳定。

身体呈侧卧姿势，双腿伸直。一侧前臂和脚着垫，手肘位于肩部正下方，上臂与地面垂直，对侧手臂向上伸直。保持背部挺直，核心收紧，抬起髋部至身体在一条直线上，保持该姿势至规定的时间。换对侧重复。

### ● 侧平板支撑-分腿

全程保持均匀呼吸。

训练目标 **力量、稳定性**
训练部位 **核心**
所需器材 **瑜伽垫**
主要肌肉 **核心肌群**

身体呈侧卧姿势，双腿伸直。双脚分开，侧面触垫支撑。触垫侧手臂伸直，手支撑于肩部下方，对侧手叉腰。保持背部挺直，核心收紧，抬起髋部至躯干与双腿在一条直线上，保持该姿势至规定的时间。换对侧重复。

**要点提示**

● 动作过程中，身体保持稳定。

## ● 侧平板支撑－并腿

训练目标 **力量、稳定性**

训练部位 **核心**

所需器材 **瑜伽垫**

主要肌肉 **核心肌群**

**要点提示**

● 动作过程中，身体保持稳定。

身体呈侧卧姿势，双腿伸直。双脚并拢，侧面触垫支撑。触垫侧手臂伸直，手支撑于肩部下方，对侧手叉腰。保持背部挺直，核心收紧，抬起髋部至躯干与双腿在一条直线上，保持该姿势至规定的时间。换对侧重复。

## ● 仰卧－双肘碰膝

**1**

身体呈仰卧姿势，躯干着垫，双手收于头部两侧。双脚着垫，双腿屈曲约90度。

坐起时呼气，还原时吸气。

训练目标 **力量**

训练部位 **腹部**

所需器材 **瑜伽垫**

主要肌肉 **腹直肌**

**要点提示**

● 动作过程中，核心收紧，避免头部代偿。

**2** 保持核心收紧，抬起头部的同时屈髋卷腹，使整个躯干离开垫面，至双肘碰触膝部。回到起始姿势，完成规定的次数。

第7章 1分钟仰卧起坐测试

## ● 仰卧–剪刀腿交叉

全程保持均匀呼吸。

训练目标 **力量**
训练部位 **腹部**
所需器材 **瑜伽垫**
主要肌肉 **腹直肌、髂腰肌**

**1** 身体呈仰卧姿势。双腿伸直，双臂伸直，自然放于身体两侧。

**2** 保持核心收紧，双腿分开并离开垫面，使双腿与地面的夹角约为30度。

**3** 双腿保持悬空，交替上下交叉呈剪刀状，完成规定的时间或次数。

### 要点提示

● 动作过程中，核心收紧，下背部紧贴垫面。

# 仰卧-同侧交替手摸脚跟

訓练目标 **力量**

訓练部位 **腹部**

所需器材 **瑜伽垫**

主要肌肉 **腹直肌、腹内斜肌、腹外斜肌**

全程保持均匀呼吸。

## 1

身体呈仰卧姿势。双臂伸直，自然放于身体两侧，双腿屈膝，双脚着垫。

## 2

腹部发力，屈髋卷腹，使躯干离开垫面。伸一侧手碰触同侧脚跟，接着换对侧重复该动作。两侧交替进行，完成规定的次数。

### 要点提示

● 动作过程中，核心收紧，避免头部代偿。

## ● 仰卧–抬腿向上顶髋

训练目标 **力量**

训练部位 **腹部**

所需器材 **瑜伽垫**

主要肌肉 **腹直肌**

收腹、上顶时呼气，还原时吸气。

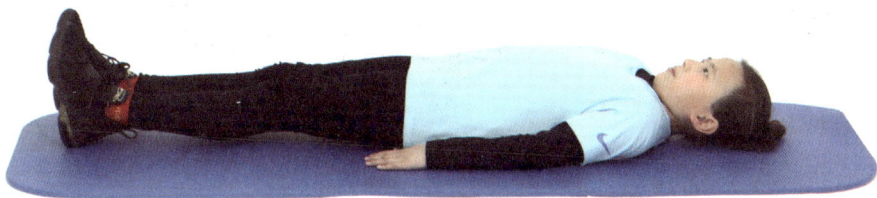

**1** 身体呈仰卧姿势。双腿伸直并拢，双臂伸直，自然放于身体两侧。

**2** 保持呼吸顺畅，双臂不动，核心收紧发力，双腿伸直，向上抬至与地面接近垂直后，髋部向上顶至离开垫面，在最高位置保持1~2秒。回到起始姿势，完成规定的次数。

## ● 仰卧–手摸对侧脚尖

训练目标 **力量**　　主要肌肉 **髂腰肌、腹直肌、腹内斜肌、腹外斜肌**
训练部位 **腹部**
所需器材 **瑜伽垫**

坐起、摸脚尖时呼气，还原时吸气。

### 要点提示

● 动作过程中，核心收紧，避免头部代偿。

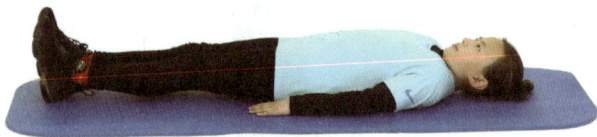

**1** 身体呈仰卧姿势。双腿伸直，双臂伸直，自然放于身体两侧。

**2** 保持核心收紧，将躯干和一侧腿抬起，同时对侧手与抬起腿的脚尖触碰。回到起始姿势，换对侧重复。两侧交替进行，完成规定的次数。

## ● 仰卧–倒踩单车

训练目标 **力量**　　主要肌肉 **腹直肌、髂腰肌、股四头肌**
训练部位 **腹部**
所需器材 **瑜伽垫**

### 要点提示

● 动作过程中，核心收紧。

**1** 身体呈仰卧姿势。双腿伸直，双臂伸直，自然放于身体两侧。

全程保持均匀呼吸。

**2** 保持双臂不动，核心收紧，屈髋抬起双腿至双腿与地面的夹角为45度，一侧腿屈髋屈膝，使大腿靠向腹部。屈膝腿蹬直，回到与地面的夹角为45度的位置，同时对侧腿屈髋屈膝，使大腿靠向腹部。两侧交替进行，完成规定的次数。

## ● 仰卧-屈髋-双手抱腿

双手抱腿时呼气，
还原时吸气。

### 要点提示

● 动作过程中，核心收紧，避免头部代偿。

**1** 身体呈仰卧姿势，双臂伸直，自然放于身体两侧。

**2** 保持核心收紧，抬起双腿，躯干抬离垫面，同时双臂环抱住大腿。回到起始姿势，完成规定的次数。

## ● 仰卧-屈膝卷腹-双臂摆动

训练目标 力量
训练部位 腹部
所需器材 瑜伽垫
主要肌肉 腹直肌

**1** 身体呈仰卧姿势。双腿伸直并拢，双臂伸直，自然放于身体两侧。

全程保持均匀呼吸。

### 要点提示

● 动作过程中，核心收紧，避免头部代偿。

**2** 核心收紧发力，屈髋将双腿抬起，同时抬起躯干。双臂伸直抬高至高于大腿位置。保持身体姿势不变，双臂在大腿两侧上下摆动。完成规定的时间。

## ● 转体卷腹

**训练目标** 力量　**所需器材** 瑜伽垫
**训练部位** 腹部　**主要肌肉** 腹直肌、腹内斜肌、腹外斜肌

卷腹、转体时呼气，还原时吸气。

**1** 仰卧于垫子上，背部挺直，屈膝屈髋，双脚着垫，双臂交叉，置于胸前。

**2** 核心收紧，卷腹的同时向一侧转体。

**3** 回到起始姿势，换对侧重复。两侧交替进行，完成规定的次数或时间。

### 要点提示

● 动作过程中，核心收紧，避免头部代偿。

## ● 仰卧起坐

**训练目标** 力量　**所需器材** 瑜伽垫
**训练部位** 腹部　**主要肌肉** 腹直肌

**1** 仰卧于垫上，双腿屈曲，双脚着垫。双臂交叉，置于胸前。

### 要点提示

● 核心收紧，避免头部代偿。
● 可按1分钟仰卧起坐的测试要求进行，即双手手指交叉置于头部后方。注意避免双手用力抱头。

坐起时呼气，还原时吸气。

**2** 利用腹部肌群的力量拉起躯干，直至背部与地面垂直。回到起始姿势，完成规定的次数或时间。

## ● 弹力带–仰卧–半程卷腹

训练目标 **力量**　　主要肌肉 **腹直肌**

训练部位 **腹部**

所需器材 **弹力带、瑜伽垫**

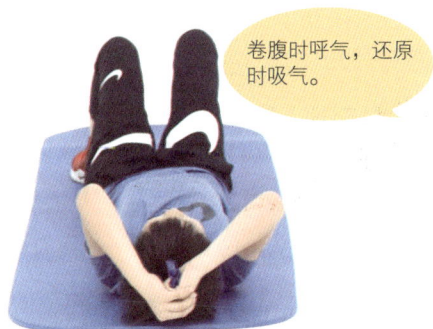

**要点提示**

● 动作过程中，核心收紧，下背部紧贴垫子。

卷腹时呼气，还原时吸气。

**1** 身体呈仰卧姿势，双腿屈膝，双脚着垫。将弹力带的一端固定于背后，双手于头顶握住另一端，保持弹力带有一定的张力。

**2** 双臂及双手保持稳定，腹部发力，向上做半程卷腹动作，注意头不要往前伸。回到起始姿势，完成规定的次数。

## ● 弹力带–仰卧–卷腹

卷腹时呼气，还原时吸气。

**1** 身体呈仰卧姿势，屈膝，双脚着垫。将弹力带的一端固定于头顶正前方的高处，双手握住另一端。双肘屈曲90度，上臂与地面垂直，保持弹力带有一定的张力。

**2** 双臂与躯干间的角度保持不变，腹部发力，向上做卷腹动作。回到起始姿势，完成规定的次数。

**要点提示**

● 动作过程中，保持下背部紧贴垫子。

训练目标 **力量**　　主要肌肉 **腹直肌**

训练部位 **腹部**

所需器材 **弹力带、瑜伽垫**

## ● 搭档拍手仰卧起坐

训练目标 **力量**

训练部位 **核心**

所需器材 **瑜伽垫**

主要肌肉 **腹部肌群**

坐起时呼气，还原时吸气。

**1**

两人脚尖对脚尖，呈仰卧姿势，双腿屈曲，双臂伸直，向上举过头顶。

### 要点提示

● 保持核心收紧。

● 两人动作节奏保持一致。

**2**

保持双脚不动，两人腹部发力，屈髋坐起，双臂向前伸直，直至两人双手触碰。回到起始姿势，完成规定的次数。

## ● 超人式

训练目标 **力量、稳定性**

训练部位 **背部、臀部**

所需器材 **瑜伽垫**

主要肌肉 **竖脊肌、肩袖肌群、菱形肌、腰方肌、臀大肌**

### 要点提示

● 避免头部过度后仰。

**1** 身体呈俯卧姿势，躯干和大腿贴地，双臂伸直，向上举过头顶。双腿伸直，脚尖着垫。

抬起时呼气，还原时吸气。

**2** 保持核心收紧，背部与臀部同时发力使上、下肢抬离地面至最大幅度。

**3** 回到起始姿势，完成规定的次数或时间。

## ● 俯卧-抬起上身-双臂举起

躯干抬起时呼气，还原时吸气。

训练目标　力量、稳定性
训练部位　背部
所需器材　瑜伽垫
主要肌肉　竖脊肌、菱形肌、肩袖肌群

**1** 身体呈俯卧姿势。双臂向两侧斜上方伸直，双腿伸直，使整个身体呈Y字形。

**2** 双臂和躯干上部抬离地面。回到起始姿势，完成规定的次数。

## ● 俯卧-抬起上身-手脚抬起

躯干抬起时呼气，还原时吸气。

训练目标　力量
训练部位　背部
所需器材　瑜伽垫
主要肌肉　竖脊肌、臀大肌、肩袖肌群

**1** 身体呈俯卧姿势。屈一侧手臂，使前臂位于额头下方，对侧手臂沿着耳朵方向向前伸直，双腿伸直。

### 要点提示

● 动作过程中，臀部收紧，躯干发力。

**2** 伸直的手臂和肩部抬起，同时抬起对侧腿。回到起始姿势，完成规定的次数。换对侧重复。

# 50米×8往返跑测试

# 8.1 认识50米×8往返跑测试

50米×8往返跑测试主要用于评估心肺功能和耐力水平,这两项素质对于个体从事各种类型的脑力、体力活动来说都是必不可少的,是个体体质健康的重要组成部分。50米×8往返跑测试能够帮助教师监控学生耐力、速度和灵敏性等身体素质的发展水平,引导学生进行针对性的训练。在50米×8往返跑测试中,学生应逆时针绕过标志杆,并且不能触碰标志杆,也不能串道。

## ◎ 影响因素

50米×8往返跑测试要求学生在较长时间内保持一定的跑步速度,同时涉及加减速过程和绕杆动作,因此50米×8往返跑测试成绩主要受耐力、灵敏性、速度和力量等因素的影响。

### ● 耐力

五、六年级学生的50米×8往返跑测试成绩通常为1.5~2分钟。在整个测试过程中。学生要加速、减速、制动、再加速,还要在较长的时间内保持一定的跑步速度,运动强度较高,机体以糖酵解系统为主要供能系统,以磷酸原系统和有氧氧化系统为辅助供能系统。糖酵解系统在无氧状态下极易产生乳酸,乳酸在肌肉中大量堆积易使肌肉疲劳,令身体很难持续进行高功率输出。如果肌肉耐力好,耐乳酸水平高,高功率输出的时间就较长。

### ● 灵敏性

在该测试中,学生需要进行多次往返跑,在标志杆附近完成减速、制动、转身、加速等一系列动作。学生需要具备一定水平的灵敏性才能快速、连贯地完成这些动作,缩短完成测试的时间。

### ● 速度

在该测试中,学生在绕过标志杆后若能很快加速,并且在途中跑阶段能保持较快的速度,就能在更短的时间内完成每一次50米跑,缩短完成测试的整体时间。

### ● 力量

与50米×8往返跑测试有关的力量主要包括腿部力量、手臂力量和核心力量。

腿部力量:学生在标志杆附近减速及完成转身动作时,需要降低身体的重心来更快速、更稳定地完成技术动作,这就要求其腿部力量达到一定的水平。

手臂力量:学生在加速跑及途中跑的过程中,手臂需要快速、大幅度地摆动,以带动腿部摆动,这就要求其手臂力量达到一定的水平。

核心力量:提升核心力量能使躯干在整个测试过程中更加稳定,并使跑步动作更协调、到位,从而能减少不必要的能量消耗。

## ◎ 测试规则

**1** 一般采用站立式起跑或半蹲式起跑姿势。

**2** 听到"预备"的口令时集中注意力。

**3** 听到"跑"的口令后,后腿蹬地迅速地向前跨,开始测试。

**4** 接近标志杆时快速绕过。

**5** 跑过终点线后,逐渐减缓速度。

## ◎ 要点提示

### ● 测试前准备

**1** 测试前应进行充分的热身。

**2** 穿合适的运动服和跑鞋。

### ● 测试时注意

**1** 做起跑准备时,后脚不要踩实地面。

**2** 跑步时,身体应保持中立位,不晃动,双臂不要左右摆动。

**3** 绕杆时,外侧腿要充分伸直,但不要出现跳跃动作。

**4** 跑步和绕杆过程中均不可串道。

**NO!**

起跑准备时,双脚不要踩实地面

跑步时,身体不要后仰

跑步时,双臂不要左右摆动

# 8.2 50米×8往返跑测试针对性提升训练

## ◎ 往返跑技术学习

### ● 绕杆技术

通常使用侧身探肩技术进行2步绕杆：接近标志杆时减速，到达标志杆位置时，内侧脚踩标志杆一侧地面（尽可能接近而不触碰标志杆），外侧脚向前迈并朝向对侧，整个人侧身对杆；内侧脚抬起，绕过标志杆，向标志杆另一侧迈（尽可能接近而不触碰标志杆），同时同侧肩下沉并绕过标志杆；外侧脚蹬地起跑。整个过程中，要注意减小内侧手臂的摆动幅度，以免触碰标志杆。注意，绕杆时切忌用小碎步和跨跳步，这些会显著降低绕杆速度。

### ● 均衡分配体力

刚开始跑时不要过快，均衡地分配体力，以防后程无力及在往返过程中因腿软受伤。

## ◎ 综合训练指导

训练应以耐力、下半身爆发力和力量练习为主，以手臂和核心力量练习及涉及动作控制的练习为辅。训练整体的强度较高，因此在训练的中后段，学生的肌肉力量及神经对肌肉的控制能力可能会减弱，这时教师要注意学生完成动作的质量，及时给予提醒和鼓励，避免错误动作导致代偿甚至损伤。

若学生的耐力水平较高，训练可侧重于提升其爆发力和力量；若学生50米跑测试成绩不错，但体力跟不上，可组织高强度、短间歇的训练，或让学生额外进行游泳、跑步或自行车等运动来提升心肺能力。教师可根据学生的具体情况（如女生是否处于生理期、主观上是否疲劳等）来调整训练的强度和内容。

## ◎ 典型问题与解决建议

### ● 绕杆速度慢

绕杆速度慢是影响50米×8往返跑测试成绩的重要因素，一些50米跑测试成绩较好的学生也会因为绕杆速度慢而取得不理想的成绩。解决这一问题的方法是让学生掌握侧身探肩绕杆技术并多加练习，从而做到快速、利落地绕杆。切忌绕杆时碎步跑和跨步跳等，这会打乱脚步节奏，显著减缓绕杆速度。

### ● 后程无力

由于50米×8往返跑的总距离较远，且涉及多次往返，很多学生在刚开始参与测试时，会出现前半程用力较猛、后半程体力不支的情况。要想解决该问题，学生首先应认识到该测试为耐力跑项目，不应在一开始就全力冲刺；其次应通过模拟练习和正式练习不断调整测试过程中的体力分配，找到适合自己的节奏。

## ◎ 针对性提升练习

### ● 碎步跑

**要点提示**

● 运动过程中，脚不要拖地，注意髋关节、膝关节和踝关节协同发力。

训练目标　灵敏性
训练部位　全身
所需器材　无
主要肌肉　下肢肌群

**1** 身体呈运动姿，双脚间距略大于肩宽，手臂呈前后摆臂状，重心位于前脚掌。

**2** 保持背部挺直，进行碎步运动。控制脚步节奏由慢变快，直至达到最快速度，并尽可能保持最快速度几秒再减速，手臂始终保持较慢的摆臂频率。完成规定的时间或次数。

# ● 弹力带–站姿–臂屈伸–过顶

训练目标 **力量**
训练部位 **手臂**
所需器材 **弹力带**
主要肌肉 **肱三头肌**

手臂伸展时呼气，还原时吸气。

## 要点提示

● 动作过程中，保持身体稳定，肘关节向前。

### 1

一侧脚在前，对侧脚在后。将弹力带的一端固定在后侧脚下，同侧手握住另一端，手臂屈肘并上抬，对侧手扶住持弹力带侧上臂，保持弹力带有一定的张力。

### 2

持弹力带侧手臂发力，向上方拉弹力带，直至该侧手臂完全伸直。回到起始姿势，完成规定的次数。换对侧重复。

## ● 栏架–横向–高抬腿–变向停顿–2栏架

全程保持均匀呼吸。

**1** 并排放置两个栏架，栏架之间有一定间隔。身体侧对第一个栏架站立，双脚分开，与肩同宽，背部挺直。下肢肌群协同发力，一只脚蹬地，对侧腿屈髋屈膝尽量抬高，横跨过第一个栏架。

**2** 该侧腿落地支撑，然后蹬地脚紧跟着横跨过第一个栏架，落地后重复上述动作，跨过第二个栏架。跨过第二个栏架后，远离栏架的脚落地支撑，对侧脚抬起，持续1~2秒。按照同样的动作标准，反方向依次跨过两个栏架。回到起始姿势，完成规定的次数。

训练目标 **协调性、灵敏性**
训练部位 **臀部、腿部**
所需器材 **栏架**
主要肌肉 **下肢肌群**

### 要点提示

- 运动过程中，保持核心收紧，背部挺直。
- 依次跨过栏架的速度要快。
- 前脚掌蹬地的速度要快。
- 单腿支撑时，支撑腿一侧的髋、膝和踝在一条直线上。
- 运动过程中，手臂协调摆动。

● **平板支撑–单腿后伸**

训练目标 **稳定性、力量**
训练部位 **核心**
所需器材 **瑜伽垫**
主要肌肉 **核心肌群、臀大肌**

● 动作过程中，保持核心收紧，背部挺直，不要塌腰。

● 单腿后伸时，躯干保持稳定，减少身体的左右晃动。

**1** 身体呈四点支撑姿势，核心收紧，背部挺直，保持双手位于肩部的正下方，双臂伸直。双脚并拢，脚尖触垫支撑。

全程保持均匀呼吸。

**2** 保持核心收紧，双臂伸直，抬起一侧腿，保持该姿势至规定的时间。换对侧重复。

● **平板支撑–动态登山**

全程保持均匀呼吸。

训练目标 **稳定性、力量**
训练部位 **核心**
所需器材 **瑜伽垫**
主要肌肉 **核心肌群**

**1** 身体呈四点支撑姿势，核心收紧，背部挺直，保持双手位于肩部的正下方，双臂伸直。双脚脚尖触垫支撑。

**2** 双手撑垫，保持核心收紧，一侧腿屈髋屈膝至胸部下方，然后向后回到起始姿势。按照同样的动作标准，两侧交替进行，完成规定的次数或时间。

**要点提示**

● 动作过程中，核心收紧，背部挺直，减少身体的左右晃动。

## ● 俯桥–单腿上举

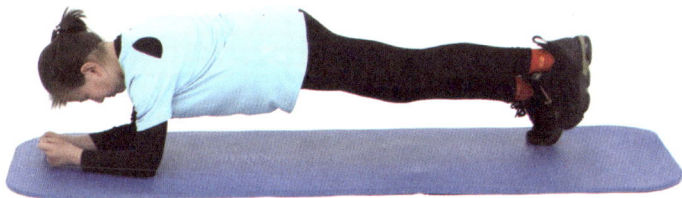

- 动作过程中，核心收紧，背部
挺直，减少身体的左右晃动。

训练目标　力量、稳定性
训练部位　核心
所需器材　瑜伽垫
主要肌肉　核心肌群、臀大肌

**1** 身体呈四点支撑姿势，保持双肘支撑于肩部的正下方。
双腿伸直，双脚脚尖触垫支撑。

**2** 保持背部挺直，核心收紧，抬
起一侧腿。回到起始姿势，完
成规定的次数。换对侧重复。

## ● 侧卧–单手双脚撑–分脚

训练目标　力量、稳定性
训练部位　核心
所需器材　瑜伽垫
主要肌肉　核心肌群

全程保持均匀呼吸。

要点提示

- 近垫侧手臂的肘关节不要
锁死。

身体呈侧卧姿势，单手和双脚着垫，近垫侧手位于肩部正下方，手臂伸直并与地面垂直，对侧手
臂向上伸直。双腿伸直，双脚触垫支撑。抬起髋部至身体在一条直线上，保持该姿势至规定的时
间。换对侧重复。

# ● 平板支撑-对侧两点支撑

全程保持均匀呼吸。

## 要点提示

● 动作过程中，保持核心收紧，背部挺直。
● 两点支撑时，躯干保持稳定，避免左右晃动。

**1** 身体呈四点支撑姿势，核心收紧，背部挺直，双臂伸直，双手撑垫，保持双手位于肩部的正下方。双脚脚尖触垫支撑。

**2** 保持背部挺直，核心收紧，一侧手臂和对侧腿同时抬起，尽量与身体在一个平面内，保持该姿势约2秒。

**3** 回到起始姿势，换对侧重复。两侧交替进行，完成规定的次数。

训练目标　力量、稳定性
训练部位　核心
所需器材　瑜伽垫
主要肌肉　核心肌群

## 弹力带–旋转上提–双臂

上提时呼气。

训练目标　力量、爆发力
训练部位　核心
所需器材　弹力带
主要肌肉　核心肌群

**2** 向对侧旋转躯干，核心发力，带动手臂向上提弹力带。回到起始姿势，完成规定的次数。换对侧重复。

**1** 站立，双脚分开，大于肩宽。将弹力带的一端固定在身体外侧的低处，双手握住另一端。身体向弹力带侧扭转，双脚踩实地面。

### 要点提示

● 动作过程中，目光要跟随手的运动轨迹，保持核心收紧。

## 平衡垫–动态深蹲

全程保持均匀呼吸。

训练目标　稳定性、力量
训练部位　核心、腿部
所需器材　平衡垫
主要肌肉　核心肌群、下肢肌群

**2** 保持躯干稳定，屈髋屈膝下蹲，双臂前伸。下蹲时，膝关节尽量不超过脚尖。回到起始姿势，完成规定的次数。

**1** 双脚开立，与肩同宽，站于平衡垫上，双臂伸直自然垂于身体两侧。核心收紧，背部挺直，挺胸抬头，目视前方。

### 要点提示

● 下蹲时，核心收紧，躯干和双腿均保持稳定，尽可能减少身体的左右晃动。

## ● 平衡垫－双腿站立－手持药球－深蹲

> 全程保持均匀呼吸。

### 要点提示

● 下蹲时，核心收紧，保持稳定，尽可能减少身体的左右晃动。

训练目标 **稳定性、力量**
训练部位 **核心、肩部、腿部**
所需器材 **药球、平衡垫**
主要肌肉 **核心肌群、肩部肌群、下肢肌群**

**1** 双脚开立，与肩同宽，站于平衡垫上，双手持药球置于体前，双臂自然伸直，核心收紧，背部挺直，挺胸抬头，目视前方。

**2** 保持躯干稳定，屈髋屈膝下蹲，双臂前伸。下蹲时，膝关节尽量不超过脚尖。回到起始姿势，完成规定的次数。

## ● 平衡垫－双脚起跳－双脚稳定落在垫上

训练目标 **爆发力、稳定性、力量**
训练部位 **核心、腿部**
所需器材 **平衡垫**
主要肌肉 **核心肌群、下肢肌群**

> 准备时吸气，起跳时呼气，落地后保持均匀呼吸。

### 要点提示

● 起跳前，准确判断自身与平衡垫之间的距离；起跳时，四肢摆动连贯，下肢用力均匀、流畅，避免用力过度，影响下落时身体的稳定。

**1** 双腿开立，大于肩宽，屈髋屈膝，以半蹲姿势面向平衡垫站立。

**2** 双脚蹬地，向前跳，同时双臂快速上摆，然后双脚平稳地落在平衡垫上。回到起始姿势，完成规定的次数。

## ● 平衡垫-纵跳

● 落地时注意屈髋屈膝缓冲，保持身体稳定。

全程保持均匀呼吸。

训练目标　稳定性、力量
训练部位　核心、腿部
所需器材　平衡垫
主要肌肉　下肢肌群

**1** 双腿开立，大于肩宽，核心收紧，屈髋屈膝，躯干前倾，以半蹲姿势立于平衡垫上。

**2** 双脚蹬垫发力，原地垂直起跳，双臂快速上摆，腾空后身体充分伸展，然后平稳落在平衡垫上。回到起始姿势，完成规定的次数。

## ● 侧卧-直膝髋外展

训练目标　力量、稳定性　　主要肌肉　髋外展肌
训练部位　髋部
所需器材　瑜伽垫

抬腿时呼气。

**1** 身体呈侧卧姿势。触垫侧手臂屈曲置于头部下方，非触垫侧手叉腰，双腿伸直，双脚并拢。

要点提示

● 腹部和臀部收紧，髋外展肌发力。
● 触垫侧腿保持紧贴垫子。

**2** 腹部和臀部收紧，髋外展肌发力使非触垫侧腿抬起，保持1~2秒。回到起始姿势，完成规定的次数。换对侧重复。

## ● 蛙式开合

训练目标 **力量、稳定性**    主要肌肉 **臀中肌**
训练部位 **髋部**
所需器材 **瑜伽垫**

抬腿时呼气。

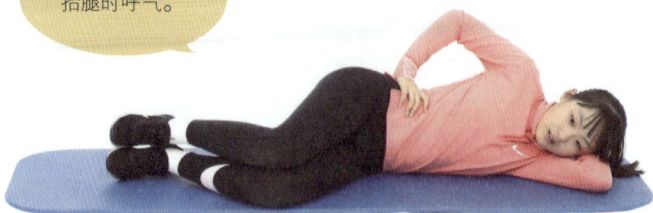

**1** 身体呈侧卧姿势。触垫侧手臂屈曲置于头部下方，非触垫侧手叉腰，双腿并拢屈膝。

**2** 腹部和臀部收紧，保持双脚侧面接触，臀中肌发力使非触垫侧腿抬起，保持1~2秒。回到起始姿势，完成规定的次数。换对侧重复。

### 要点提示

● 腹部和臀部收紧，臀中肌发力。
● 触垫侧腿保持紧贴垫子。

### 要点提示

● 运动过程中，保持核心收紧，身体稳定，膝盖与脚尖方向一致。

## ● 哑铃-深蹲跳

身体下落时吸气，跳起时呼气。

训练目标 **爆发力、力量**
训练部位 **臀部、腿部**
所需器材 **哑铃**
主要肌肉 **下肢肌群**

**1** 双脚开立，大于肩宽。双手各握一只哑铃，双臂自然垂于身体两侧，掌心相对。屈髋屈膝下蹲至大腿与地面接近平行。

**2** 臀部与腿部发力，伸髋伸膝，向上跳起。落地后重复上述动作，完成规定的次数。

## ● 哑铃–肩上深蹲

身体下降时吸气，站起时呼气。

训练目标 **力量**
训练部位 **臀部、腿部**
所需器材 **哑铃**
主要肌肉 **下肢肌群**

**1**

双脚开立，大于肩宽。双手各握一只哑铃，屈曲肘关节，将哑铃举于肩关节前方。

**2**

屈髋屈膝下蹲至大腿与地面接近平行，然后臀部与大腿前侧发力，回到起始姿势。完成规定的次数。

**要点提示**

● 运动过程中，保持核心收紧，膝盖与脚尖方向一致。

## ● 哑铃–基本硬拉

下蹲时吸气，站起时呼气。

训练目标 **力量**
训练部位 **臀部、腿部**
所需器材 **哑铃**
主要肌肉 **腘绳肌、臀大肌、竖脊肌**

**要点提示**

● 运动过程中，保持背部挺直，哑铃贴近身体。

**1**

俯身，屈髋屈膝，双手各握一只哑铃置于身体前侧，掌心向后，哑铃接触地面。

**2**

背部保持挺直，臀部发力，向前挺髋，将哑铃沿着胫骨向上拉起，膝关节伸直。回到起始姿势，完成规定的次数。

## ● 迷你带-蚌式开合

**训练目标** 稳定性、力量
**训练部位** 髋部
**所需器材** 迷你带、瑜伽垫
**主要肌肉** 臀中肌

### 要点提示

● 始终保持迷你带有一定的张力。
● 大腿外展时，躯干保持稳定。

**1**

身体呈侧卧姿势，屈膝屈髋，目视前方，一侧手臂位于头部下方，对侧手臂撑垫，迷你带套在双腿膝关节上方。

全程保持均匀呼吸。

**2**

保持骨盆稳定，贴垫侧腿保持不动，外侧腿克服弹力带的阻力外展。回到起始姿势，完成规定的次数。换对侧重复。

## ● 迷你带-双腿臀桥

**训练目标** 稳定性、力量
**训练部位** 臀部、大腿
**所需器材** 迷你带、瑜伽垫

**主要肌肉** 臀部肌群、腘绳肌

**1**

仰卧在垫上，双手平放于身体两侧，掌心向下，双膝屈曲约45度，膝关节下方套一个迷你带，双脚分开，与肩同宽，脚掌撑垫。

向上挺髋时呼气，身体向下时吸气。

### 要点提示

● 始终保持迷你带有一定的张力。
● 髋部上顶时，躯干保持稳定。

**2** 向上顶髋至躯干与大腿在一条直线上，保持1~2秒，体会臀部肌群发力。回到起始姿势，完成规定的次数。

## ● 单腿臀桥

训练目标 力量、稳定性　　主要肌肉 核心肌群、臀大肌、腘绳肌
训练部位 核心、臀部、腿部
所需器材 瑜伽垫

**1**

仰卧，抬一侧腿并伸直，对侧腿屈膝，全脚掌着地。双手自然放在身体两侧。保持身体稳定。

### 要点提示

全程保持均匀呼吸。

● 保持核心收紧，背部挺直，身体不向一侧倾斜。

**2**

腹部和臀部收紧，抬起髋部至躯干与大腿在一条直线上。回到起始姿势，完成规定的次数。换对侧重复。

## ● 臀桥–军步屈髋

训练目标 力量、稳定性　　主要肌肉 核心肌群、臀大肌、腘绳肌
训练部位 核心、臀部、腿部
所需器材 瑜伽垫

**1**

仰卧，一侧腿屈膝，脚掌撑地。对侧腿屈髋屈膝至小腿与地面接近平行。双手自然放在身体两侧。

### 要点提示

全程保持均匀呼吸。

● 保持核心收紧，背部挺直，身体不向一侧倾斜。

**2**

腹部和臀部收紧，抬起髋部至躯干与支撑腿的大腿在一条直线上。回到起始姿势，完成规定的次数。换对侧重复。

● 弹力带–站姿–腘绳肌收缩

训练目标　**力量、平衡性**
训练部位　**大腿**
所需器材　**弹力带**
主要肌肉　**腘绳肌**

抬腿时呼气，还原时吸气。

**要点提示**

● 运动过程中，保持身体稳定，核心收紧。
● 支撑腿保持稳定，不要乱晃，发力腿保持悬空。

**1** 双脚并拢站立，双手自然垂于身体两侧。将弹力带的一端固定在身体正前方与脚踝同高的地方，另一端绑在一侧脚的脚踝处，保持弹力带有一定的张力。

**2** 绑弹力带侧腿向后屈膝90度。回到起始姿势，完成规定的次数。换对侧重复。

● 弓步跳

训练目标　**爆发力、稳定性**
训练部位　**臀部、腿部**
所需器材　**无**
主要肌肉　**下肢肌群**

**要点提示**

● 动作过程中，躯干保持挺直，同时膝盖和脚尖方向一致。

跳起时呼气，还原时吸气。

**1** 身体呈分腿蹲姿。前侧腿的大腿与地面平行，后侧腿的膝关节几乎触地。挺胸直背，双臂自然垂于身体两侧。

**2** 双脚蹬地发力，伸膝伸髋，向上跳起，并在空中交换双腿的前后位置，同时双臂向上摆动。落地后，换对侧重复。两侧交替进行，完成规定的次数。

## ● 药球-双侧交替分腿蹲跳

**训练目标** 力量、爆发力
**训练部位** 腿部、臀部
**所需器材** 药球
**主要肌肉** 下肢肌群

全程保持均匀呼吸。

**2** 双手持球上摆，同时臀部与腿部发力向上跳跃，在空中交换双腿的前后位置。落地时屈髋屈膝缓冲，换对侧重复。两侧交替进行，完成规定的次数。

### 要点提示

● 保持核心收紧，背部挺直，膝盖不要超过脚尖。

**1** 双脚前后分开，屈髋屈膝至前侧大腿约与地面平行，后侧大腿约与地面垂直。挺胸直背，双手持药球于前侧大腿外侧，双肘屈曲。

## ● 徒手蹲-双脚跳

下蹲时吸气，跳起时呼气。

**1** 双脚开立，与肩同宽，挺胸直背，核心收紧，双手环抱于头后。

**2** 屈髋屈膝下蹲至大腿约与地面平行，然后伸髋伸膝，向上跳起。落地时屈髋屈膝缓冲，回到起始姿势，完成规定的次数。

### 要点提示

● 保持核心收紧，膝关节不要超过脚尖，背部挺直。

**训练目标** 力量、爆发力
**训练部位** 腿部、臀部
**所需器材** 无
**主要肌肉** 下肢肌群

CHAPTER

# 第9章

**CHAPTER**

**9**

# 针对性提升训练方案

# 9.1 五、六年级针对性提升训练方案设计原则

在本书中，每个年级的训练方案分为上、下学期（每学期共20周）2个部分，且以2周为一个阶段进行规划，因此每个学期的训练方案均包括10个计划。

上学期第1~2周的训练主要为搭档配合练习，目的是增强核心稳定性，此阶段的运动量较小。第3~6周的训练旨在增强学生的有氧耐力、协调性、反应速度和全身力量等身体素质，运动量逐渐增大，为之后的测试打下良好的基础。第7~10周以高强度间歇的训练形式发展学生的心肺耐力，运动量进一步增大，在这个阶段可以根据情况进行肺活量测试。第11~12周的训练重点发展学生的上肢和腹部肌群的力量和耐力，在这个阶段可以根据情况进行1分钟仰卧起坐测试。第13~14周主要为针对50米×8往返跑测试的技巧性练习，在这个阶段可以根据情况进行50米×8往返跑测试。第15~16周和第17~18周分别针对50米跑测试和1分钟跳绳测试进行功能性和专项性训练。整个上学期的所有计划中都包含了一定的针对坐位体前屈测试的柔韧性练习，因此最后只用2周时间（第19~20周）专门针对坐位体前屈测试进行训练，同时这也有助于学生借助柔韧性练习更好地放松身心，缓解之前训练积累的疲劳。

## 上学期

**第1~2周**
以搭档配合练习为主，重点为发展核心稳定性，运动量较小。

**第7~10周**
以高强度间歇形式训练，重点为发展心肺耐力，运动量较大。

**第13~14周**
主要为针对50米×8往返跑测试的练习。

**第17~18周**
主要为针对1分钟跳绳测试的练习。

**第3~6周**
重点为发展有氧耐力、协调性、反应速度和全身力量，运动量逐渐增大。

**第11~12周**
重点为发展上肢和腹部肌群的力量和耐力。

**第15~16周**
主要为针对50米跑测试的练习。

**第19~20周**
主要为针对坐位体前屈测试的练习。

下学期的训练计划虽然也包含各项测试的技巧性练习，但更多以储备体能为目的。本书将下学期的训练分为循序渐进的几个阶段。第1~4周以全身性肌肉力量和耐力练习为主，运动量和运动强度都较小。第5~12周的运动量和提高强度逐渐增大，重点发展学生的心肺耐力。第13~16周运动量和运动强度逐渐减小，但动作难度仍保持在较高的水平，从而在保证锻炼心肺耐力的前提下，增强动作技巧并维持全身的肌肉力量。第17~20周的运动量减小，以避免疲劳累积，涉及一项或多项测试的技巧性练习，重点发展与测试有关的身体素质。

## 下学期

**第1~4周**
以全身性肌肉力量和耐力练习为主，运动量和运动强度都较小。

**第13~16周**
动作难度保持在较高的水平，运动量和运动强度逐渐减小，锻炼心肺耐力，增强动作技巧，维持全身的肌肉力量。

**第5~12周**
重点为发展心肺耐力，运动量和运动强度逐渐增大。

**第17~20周**
涉及测试的技巧性练习，重点发展与测试有关的身体素质，运动量减小

## 五年级上学期训练阶段1（第1~2周）[a]

| | 练习名称 | 重复 | 组数 | 页码 | 要点提示 |
|---|---|---|---|---|---|
| 热身 | 毛毛虫纵向爬行 | 6次 | | 84 | |
| | 侧弓步 | 6次 | 2 | 197 | 无 |
| | 燕式平衡–腘绳肌拉伸 | 6次/侧 | | 94 | |

| | 练习名称 | 重复 | 组数 | 页码 | 要点提示 |
|---|---|---|---|---|---|
| 正式 | 俯撑–搭档拍手 | 2次 | | 24 | |
| | 平板支撑–转体 | 2次 | 6 | 30 | 将两个身高、体重相仿的学生分为一组，依次完成练习。强调动作的质量，而非数量 |
| | 波比跳 | 1次 | | 49 | |

| | 练习名称 | 重复 | 组数 | 页码 | 要点提示 |
|---|---|---|---|---|---|
| 放松 | 躯干伸肌、背阔肌、菱形肌和臀肌–主动拉伸–动态仰卧脊椎旋转 | 30秒 | | 207 | |
| | 三角肌后束–被动拉伸 | 20秒/侧 | 1 | 200 | 强调目标肌肉有轻微的牵拉感 |
| | 俯卧–两侧转体看脚跟 | 30秒 | | 205 | |

[a] 除要点提示中列明了休息时间的练习外，其余练习的间歇时间均为 30~45 秒，可根据训练安排和学生的身体反应确定具体的间歇时间，余同。

# 五年级上学期训练阶段 2（第 3~4 周）

| | 练习名称 | 重复 | 组数 | 页码 | 要点提示 |
|---|---|---|---|---|---|
| 热身 | 三角肌前束–主动拉伸 | 30秒 | 2 | 192 | 也可使用节拍口令，动态练习进行4个8拍，静态练习保持2个8拍 |
| | 垫步跳–纵向 | 10米 | | 191 | |
| | 站姿–对侧–肘碰膝–垫步跳 | 10次 | | 193 | |

| | 练习名称 | 重复 | 组数 | 页码 | 要点提示 |
|---|---|---|---|---|---|
| 正式 | 碎步跑 | 10秒 | 3 | 133 | 强调动作质量 |
| | 站姿–L字 | 8次 | | 21 | |
| | 平板支撑–动态登山 | 30秒 | | 136 | |
| | 臀桥 | 30秒 | | 35 | |

| | 练习名称 | 重复 | 组数 | 页码 | 要点提示 |
|---|---|---|---|---|---|
| 放松 | 半月式 | 30秒 | 1 | 51 | 强调目标肌肉有轻微的牵拉感 |
| | 三角肌后束–被动拉伸 | 20秒/侧 | | 200 | |
| | 早安式弓步 | 20秒/侧 | | 85 | |
| | 坐姿转体拉伸 | 20秒/侧 | | 90 | |

## 五年级上学期训练阶段3（第5~6周）

| | 练习名称 | 重复 | 组数 | 页码 | 要点提示 |
|---|---|---|---|---|---|
| **热身** | 碎步跑 | 5~10秒 | 3 | 133 | 学生进行碎步跑，教师随机喊出口令，让学生尽可能快地完成1次标准深蹲，共喊出3次口令 |
| | 标准深蹲 | 3次 | | 27 | |

| | 练习名称 | 重复 | 组数 | 页码 | 要点提示 |
|---|---|---|---|---|---|
| **正式** | 坐姿起跑 | 5次 | 3 | 61 | 根据教师的口令，尽量快地完成 |
| | 栏架–双变单–纵向–有反向 | 1次/侧 | 4 | 71 | 平行摆放4个栏架，连续完成2个练习 |
| | 栏架–单脚跳–纵向–无反向 | 1次/侧 | | 67 | |

| | 练习名称 | 重复 | 组数 | 页码 | 要点提示 |
|---|---|---|---|---|---|
| **放松** | 90度牵拉–手臂绕摆 | 20秒/侧 | 1 | 208 | 强调目标肌肉有中等的牵拉感或按压感 |
| | 泡沫轴–臀肌–单侧 | 20秒/侧 | | 202 | |
| | 泡沫轴–腘绳肌 | 20秒/侧 | | 86 | |
| | 泡沫轴–小腿后侧 | 20秒/侧 | | 204 | |

## 五年级上学期训练阶段4（第7~8周）

| | 练习名称 | 重复 | 组数 | 页码 | 要点提示 |
|---|---|---|---|---|---|
| 热身 | 树式伸展 | 30秒/侧 | 2 | 23 | 无 |
| | 站姿–L字 | 8次 | | 21 | |
| | 站姿–对侧–肘碰膝–垫步跳 | 20次 | | 193 | |

| | 练习名称 | 重复 | 组数 | 页码 | 要点提示 |
|---|---|---|---|---|---|
| 正式 | 开合跳 | 20秒 | 2 | 48 | 强调动作质量 |
| | 军步走–原地 | 20秒 | | 62 | |
| | 仰卧起坐 | 20秒 | | 124 | |
| | 飞越巅峰 | 20秒 | | 112 | |

| | 练习名称 | 重复 | 组数 | 页码 | 要点提示 |
|---|---|---|---|---|---|
| 放松 | 泡沫轴–臀中肌 | 20秒/侧 | 1 | 87 | 强调目标肌肉有中等的按压感 |
| | 泡沫轴–股四头肌 | 20秒/侧 | | 93 | |
| | 泡沫轴–腘绳肌 | 20秒/侧 | | 86 | |

# 五年级上学期训练阶段5（第9~10周）

| | 练习名称 | 重复 | 组数 | 页码 | 要点提示 |
|---|---|---|---|---|---|
| **热身** | 屈髋外旋跳 | 10次 | 2 | 195 | 也可使用节拍口令，动态练习进行4个8拍，静态练习保持2个8拍 |
| | 行进弓步 | 10米 | | 194 | |
| | 侧弓步 | 8次 | | 197 | 无 |

| | 练习名称 | 重复 | 组数 | 页码 | 要点提示 |
|---|---|---|---|---|---|
| **正式** | 深蹲跳 | 4次 | 3 | 63 | 无 |
| | 弹力带-仰卧-半程卷腹 | 16次 | | 125 | |
| | 徒手蹲-相扑式 | 8次 | | 63 | |
| | 哑铃-直腿硬拉 | 8次 | | 77 | |

| | 练习名称 | 重复 | 组数 | 页码 | 要点提示 |
|---|---|---|---|---|---|
| **放松** | 泡沫轴-下背部 | 30秒 | 1 | 202 | 强调目标肌肉有中等的按压感 |
| | 泡沫轴-臀肌-单侧 | 30秒/侧 | | 202 | |
| | 泡沫轴-大腿外侧 | 30秒/侧 | | 203 | |
| | 泡沫轴-大腿内侧 | 30秒/侧 | | 203 | |
| | 泡沫轴-股四头肌 | 30秒/侧 | | 93 | |

# 五年级上学期训练阶段 6（第 11~12 周）

| | 练习名称 | 重复 | 组数 | 页码 | 要点提示 |
|---|---|---|---|---|---|
| 热身 | 直臂绕环 | 30秒 | | 196 | |
| | 90度牵拉–手臂绕摆 | 30秒/侧 | 2 | 208 | 无 |
| | 腹肌–主动拉伸–眼镜蛇式 | 30秒 | | 210 | |

| | 练习名称 | 重复 | 组数 | 页码 | 要点提示 |
|---|---|---|---|---|---|
| 正式 | 开合跳 | 20秒 | | 48 | |
| | 跪姿俯卧撑 | 20秒 | | 36 | 强调动作质量。4个练习之间的间歇时间为10秒，尽量严格遵守 |
| | 仰卧起坐 | 40秒 | 3 | 124 | |
| | 平板支撑–动态登山 | 20秒 | | 136 | |

| | 练习名称 | 重复 | 组数 | 页码 | 要点提示 |
|---|---|---|---|---|---|
| 放松 | 毛毛虫纵向爬行 | 10次 | | 84 | |
| | 三角肌后束–被动拉伸 | 30秒/侧 | | 200 | |
| | 俯卧–两侧转体看脚跟 | 10次 | 1 | 205 | 强调目标肌肉有中等的牵拉感 |
| | 腘绳肌拉伸 | 30秒/侧 | | 88 | |
| | 侧卧–股四头肌和髋屈肌拉伸 | 30秒/侧 | | 92 | |

# 五年级上学期训练阶段 7（第 13~14 周）

| | 练习名称 | 重复 | 组数 | 页码 | 要点提示 |
|---|---|---|---|---|---|
| **热身** | 双脚前后交替跳 | 10秒 | | 47 | 无 |
| | 平板爬行–横向 | 5米 | 2 | 28 | |
| | 站姿–对侧–肘碰膝–垫步跳 | 30秒 | | 193 | |

| | 练习名称 | 重复 | 组数 | 页码 | 要点提示 |
|---|---|---|---|---|---|
| **正式** | 侧身探肩绕杆 | 10次 | 1 | 132 | 让学生掌握正确的技术动作 |
| | 军步走–原地 | 20秒 | | 62 | |
| | 碎步跑 | 20秒 | 2~3 | 133 | 强调动作质量 |
| | 50米跑 | 1次 | 4 | 59 | 无 |

| | 练习名称 | 重复 | 组数 | 页码 | 要点提示 |
|---|---|---|---|---|---|
| **放松** | 战士二式 | 30秒 | | 50 | |
| | 身体向上、向下伸展 | 8次 | | 85 | 强调目标肌肉有中等的牵拉感 |
| | 臀肌和梨状肌被动拉伸–仰卧4字形 | 30秒/侧 | 1 | 88 | |
| | 侧卧–股四头肌和髋屈肌拉伸 | 30秒/侧 | | 92 | |

## 五年级上学期训练阶段 8（第 15~16 周）

| | 练习名称 | 重复 | 组数 | 页码 | 要点提示 |
|---|---|---|---|---|---|
| **热身** | 站姿–对侧–肘碰膝–垫步跳 | 30秒 | 2 | 193 | 无 |
| | 屈髋外旋跳 | 10次 | | 195 | |
| | 行进弓步 | 10米 | | 194 | |

| | 练习名称 | 重复 | 组数 | 页码 | 要点提示 |
|---|---|---|---|---|---|
| **正式** | 军步走–原地 | 10次 | 2~3 | 62 | 无 |
| | 70米跑 | 1次 | | 59 | |

| | 练习名称 | 重复 | 组数 | 页码 | 要点提示 |
|---|---|---|---|---|---|
| **放松** | 腘绳肌–被动拉伸–单腿屈髋 | 30秒/侧 | 1 | 83 | 强调目标肌肉有中等的牵拉感 |
| | 印度式俯卧撑 | 30秒 | | 91 | |
| | 弹力带–仰卧–腘绳肌拉伸 | 30秒/侧 | | 89 | |
| | 髋内收肌–坐式主动拉伸 | 30秒 | | 206 | |
| | 跪式起跑者弓步 | 30秒/侧 | | 208 | |

# 五年级上学期训练阶段 9（第 17~18 周）

| | 练习名称 | 重复 | 组数 | 页码 | 要点提示 |
|---|---|---|---|---|---|
| **热身** | 振臂跳 | 10米 | 2 | 193 | 无 |
| | 站姿–对侧–前后–手碰脚 | 10次 | | 104 | |
| | 慢速跳绳 | 20次 | | 101 | |

| | 练习名称 | 重复 | 组数 | 页码 | 要点提示 |
|---|---|---|---|---|---|
| **正式** | 交叉腿 | 8次 | 2 | 109 | 无 |
| | 70次不间断跳绳 | 1次 | 1 | 101 | |
| | 100次不间断跳绳 | 1次 | | 101 | |
| | 限时100次不间断跳绳 | 1次 | | 102 | 应根据学生的具体情况规定时长 |

| | 练习名称 | 重复 | 组数 | 页码 | 要点提示 |
|---|---|---|---|---|---|
| **放松** | 筋膜球–足底 | 30秒/侧 | 1 | 83 | 强调目标肌肉有中等的牵拉感或按压感 |
| | 泡沫轴–下背部 | 30秒 | | 202 | |
| | 泡沫轴–腘绳肌 | 30秒/侧 | | 86 | |
| | 弹力带–仰卧–腘绳肌拉伸 | 35秒/侧 | | 89 | |
| | 跪式起跑者弓步 | 35秒/侧 | | 208 | |

# 五年级上学期训练阶段 10（第 19~20 周）

| | 练习名称 | 重复 | 组数 | 页码 | 要点提示 |
|---|---|---|---|---|---|
| **热身** | 慢跑 | 2分钟 | 1 | 46 | 无 |
| | 毛毛虫纵向爬行 | 8次 | 2 | 84 | |
| | 腘绳肌-被动拉伸-单腿屈髋 | 30秒/侧 | | 83 | 强调目标肌肉有轻或中等的牵拉感 |

| | 练习名称 | 重复 | 组数 | 页码 | 要点提示 |
|---|---|---|---|---|---|
| **正式** | 筋膜球-足底 | 30秒/侧 | 2 | 83 | 强调目标肌肉有轻或中等的牵拉感 |
| | 泡沫轴-小腿后侧 | 30秒/侧 | | 204 | |
| | 泡沫轴-腘绳肌 | 30秒/侧 | | 86 | |
| | 泡沫轴-臀中肌 | 30秒/侧 | | 87 | |
| | 泡沫轴-下背部 | 30秒 | | 202 | |
| | 臀肌和梨状肌被动拉伸-舞者动作 | 30秒/侧 | | 89 | |

| | 练习名称 | 重复 | 组数 | 页码 | 要点提示 |
|---|---|---|---|---|---|
| **放松** | 泡沫轴-股四头肌 | 30秒/侧 | 2 | 93 | 强调目标肌肉有中等的牵拉感或按压感 |
| | 侧卧-股四头肌和髋屈肌拉伸 | 30秒/侧 | | 92 | |

## 五年级下学期训练阶段1（第1~2周）

| 练习名称 | 重复 | 组数 | 页码 | 要点提示 |
|---|---|---|---|---|
| **热身** | | | | |
| 毛毛虫纵向爬行 | 6次 | | 84 | |
| 弹力带–站姿–Y字激活 | 8次 | 2 | 198 | 无 |
| 行进弓步 | 8次 | | 194 | |

| 练习名称 | 重复 | 组数 | 页码 | 要点提示 |
|---|---|---|---|---|
| **正式** | | | | |
| 搭档座椅平衡 | 5秒 | 4~6 | 25 | 尽量将两个身高、体重相近的学生分为一组。先完成5秒的搭档座椅平衡，然后立刻进行1次搭档坐下起立，此为完成1组。2个练习之间的衔接尽量紧密 |
| 搭档坐下起立 | 1次 | | 26 | |
| 俯撑–搭档拍手 | 6次 | | 24 | |
| 仰卧–双肘碰膝 | 12次 | 2 | 118 | 无 |
| 侧平板支撑–分腿 | 20秒/侧 | | 117 | |
| 俯卧–I字 | 12次 | | 31 | |

| 练习名称 | 重复 | 组数 | 页码 | 要点提示 |
|---|---|---|---|---|
| **放松** | | | | |
| 泡沫轴–脚跟坐姿–胸椎灵活性牵拉 | 20秒/侧 | | 209 | |
| 泡沫轴–腘绳肌 | 20秒/侧 | | 86 | |
| 泡沫轴–股四头肌 | 20秒/侧 | 1 | 93 | 强调目标肌肉有中等的按压感 |
| 泡沫轴–臀肌–单侧 | 20秒/侧 | | 202 | |
| 泡沫轴–上背部 | 20秒 | | 201 | |

## 五年级下学期训练阶段 2（第 3~4 周）

| | 练习名称 | 重复 | 组数 | 页码 | 要点提示 |
|---|---|---|---|---|---|
| **热身** | 直臂绕环 | 30秒 | 2 | 196 | 也可使用节拍口令，动态练习进行4个8拍，静态练习保持2个8拍 |
| | 胸肌–主动拉伸–动态胸部扩张 | 30秒 | | 190 | |
| | 行进弓步 | 8次 | | 194 | |

| | 练习名称 | 重复 | 组数 | 页码 | 要点提示 |
|---|---|---|---|---|---|
| **正式** | 俯卧撑 | 4次 | 2~3 | 36 | 若学生无法完成标准的俯卧撑，可以改成跪姿俯卧撑，以降低难度 |
| | 标准深蹲 | 4次 | | 27 | |
| | 弹力带–站姿–臂屈伸–过顶 | 4次/侧 | | 134 | |
| | 仰卧–剪刀腿交叉 | 16次 | | 119 | 无 |
| | 侧平板支撑–分腿 | 20秒/侧 | 2 | 117 | |
| | 超人式 | 20秒 | | 127 | |

| | 练习名称 | 重复 | 组数 | 页码 | 要点提示 |
|---|---|---|---|---|---|
| **放松** | 泡沫轴–腘绳肌 | 20秒/侧 | 1 | 86 | 强调目标肌肉有中等的牵拉感或按压感 |
| | 泡沫轴–股四头肌 | 20秒/侧 | | 93 | |
| | 腹肌–主动拉伸–眼镜蛇式 | 20秒 | | 210 | |
| | 彩虹式 | 20秒/侧 | | 211 | |
| | 泡沫轴–下背部 | 20秒 | | 202 | |
| | 泡沫轴–肱二头肌 | 20秒/侧 | | 200 | |
| | 泡沫轴–肱三头肌 | 20秒/侧 | | 201 | |

# 五年级下学期训练阶段3（第5~6周）

| | 练习名称 | 重复 | 组数 | 页码 | 要点提示 |
|---|---|---|---|---|---|
| **热身** | 慢跑 | 1分钟 | | 46 | |
| | 行进弓步 | 10米 | 2 | 194 | 无 |
| | 开合跳 | 20次 | | 48 | |

| | 练习名称 | 重复 | 组数 | 页码 | 要点提示 |
|---|---|---|---|---|---|
| **正式** | 碎步跑 | 30秒 | | 133 | 尽量在1分钟内完成1个练习，剩下的时间用于休息，下一个1分钟到来的时候进行下一个练习 |
| | 站姿-对侧-前后-手碰脚 | 20次 | 2~3 | 104 | |
| | 标准跳绳 | 16次 | | 101 | |
| | 运送气球 | 2~3分钟 | 1 | 45 | 无 |

| | 练习名称 | 重复 | 组数 | 页码 | 要点提示 |
|---|---|---|---|---|---|
| **放松** | 猫狗式-胸椎伸展 | 30秒 | | 212 | |
| | 腘绳肌拉伸 | 30秒/侧 | | 88 | |
| | 侧卧-股四头肌和髋屈肌拉伸 | 30秒/侧 | 1 | 92 | 强调目标肌肉有中等的牵拉感 |
| | 臀肌和梨状肌被动拉伸-仰卧4字形 | 30秒/侧 | | 88 | |

## 五年级下学期训练阶段 4（第 7~8 周）

| | 练习名称 | 重复 | 组数 | 页码 | 要点提示 |
|---|---|---|---|---|---|
| **热身** | 慢跑 | 1分钟 | 2 | 46 | 无 |
| | 行进弓步 | 10米 | | 194 | |
| | 双脚前后交替跳 | 20次 | | 47 | |

| | 练习名称 | 重复 | 组数 | 页码 | 要点提示 |
|---|---|---|---|---|---|
| **正式** | 碎步跑 | 40秒 | 2~3 | 133 | 尽量在1分钟内完成1个练习，剩下的时间用于休息，下一个1分钟到来的时候进行下一个练习 |
| | 平板支撑-动态登山 | 30次 | | 136 | |
| | 交叉跳绳 | 20次 | | 103 | |
| | 军人爬行-纵向 | 10米 | | 52 | |
| | 50米跑 | 1次 | 4 | 59 | 无 |

| | 练习名称 | 重复 | 组数 | 页码 | 要点提示 |
|---|---|---|---|---|---|
| **放松** | 蝴蝶式 | 30秒 | 1 | 211 | 强调目标肌肉有中等的牵拉感 |
| | 印度式俯卧撑 | 10次 | | 91 | |
| | 侧卧-股四头肌和髋屈肌拉伸 | 30秒/侧 | | 92 | |
| | 臀肌和梨状肌被动拉伸-仰卧4字形 | 30秒/侧 | | 88 | |

# 五年级下学期训练阶段 5（第 9~10 周）

| | 练习名称 | 重复 | 组数 | 页码 | 要点提示 |
|---|---|---|---|---|---|
| **热身** | 振臂跳 | 10米 | | 193 | |
| | 屈髋外旋跳 | 10次 | 2 | 195 | 无 |
| | 侧弓步 | 30秒 | | 197 | |

| | 练习名称 | 重复 | 组数 | 页码 | 要点提示 |
|---|---|---|---|---|---|
| **正式** | 开合跳 | 40次 | | 48 | 尽量在1分钟内完成1个练习，剩下的时间用于休息，下一个1分钟到来的时候进行下一个练习 |
| | 半板支撑–动态登山 | 30次 | | 136 | |
| | 军步走–原地 | 20次 | 2~3 | 62 | |
| | 徒手蹲–相扑式 | 10次 | | 63 | |
| | 碎步跑 | 5~10秒 | | 133 | 学生进行碎步跑，教师随机喊出口令，让学生尽可能快地开始50米跑 |
| | 50米跑 | 1次 | | 59 | |

| | 练习名称 | 重复 | 组数 | 页码 | 要点提示 |
|---|---|---|---|---|---|
| **放松** | 90度牵拉–手臂绕摆 | 6次/侧 | | 208 | 强调目标肌肉有中等的牵拉感或按压感 |
| | 泡沫轴–腘绳肌 | 30秒/侧 | | 86 | |
| | 泡沫轴–股四头肌 | 30秒/侧 | 1 | 93 | |
| | 泡沫轴–臀肌–单侧 | 30秒/侧 | | 202 | |
| | 腹肌–主动拉伸–眼镜蛇式 | 30秒 | | 210 | |

## 五年级下学期训练阶段 6（第 11~12 周）

| | 练习名称 | 重复 | 组数 | 页码 | 要点提示 |
|---|---|---|---|---|---|
| **热身** | 站姿–对侧–肘碰膝–垫步跳 | 10次 | 2 | 193 | 无 |
| | 屈髋外旋跳 | 10次 | | 195 | |
| | 侧弓步 | 10次 | | 197 | |

| | 练习名称 | 重复 | 组数 | 页码 | 要点提示 |
|---|---|---|---|---|---|
| **正式** | 开合跳 | 30次 | 2~3 | 48 | 尽量在1分钟内完成1个练习，剩下的时间用于休息，下一个1分钟到来的时候进行下一个练习 |
| | 平板支撑–动态登山 | 30次 | | 136 | |
| | 单脚跳绳 | 20次/侧 | | 102 | |
| | 双脚左右跳 | 20次 | | 46 | |
| | 碎步跑 | 5~10秒 | | 133 | 学生进行碎步跑，教师随机喊出口令，让学生尽可能快地开始50米跑 |
| | 50米跑 | 1次 | | 59 | |

| | 练习名称 | 重复 | 组数 | 页码 | 要点提示 |
|---|---|---|---|---|---|
| **放松** | 鸟式 | 30秒 | 1 | 51 | 强调目标肌肉有中等的牵拉感或按压感 |
| | 泡沫轴–腘绳肌 | 30秒/侧 | | 86 | |
| | 泡沫轴–股四头肌 | 30秒/侧 | | 93 | |
| | 泡沫轴–臀肌–单侧 | 30秒/侧 | | 202 | |
| | 腹肌–主动拉伸–眼镜蛇式 | 30秒 | | 210 | |

# 五年级下学期训练阶段7（第13~14周）

| | 练习名称 | 重复 | 组数 | 页码 | 要点提示 |
|---|---|---|---|---|---|
| **热身** | 垫步跳–纵向 | 10米 | 2 | 191 | 无 |
| | 屈髋外旋跳 | 10次 | | 195 | |
| | 侧弓步 | 30秒 | | 197 | |

| | 练习名称 | 重复 | 组数 | 页码 | 要点提示 |
|---|---|---|---|---|---|
| **正式** | 弹力带–跳跃踢臀 | 6次 | 2~3 | 72 | 无 |
| | 弹力带–仰卧–半程卷腹 | 16次 | | 125 | |
| | 臀桥–军步屈髋 | 8次/侧 | | 145 | |
| | 俯卧–模拟游泳姿（自由泳） | 8次 | | 37 | |
| | 平板支撑–单腿后伸 | 20秒/侧 | | 136 | |

| | 练习名称 | 重复 | 组数 | 页码 | 要点提示 |
|---|---|---|---|---|---|
| **放松** | 弹力带–仰卧–腘绳肌拉伸 | 30秒/侧 | 1 | 89 | 强调目标肌肉有中等的牵拉感或按压感 |
| | 臀肌和梨状肌被动拉伸–仰卧4字形 | 30秒/侧 | | 88 | |
| | 跪式起跑者弓步 | 30秒/侧 | | 208 | |
| | 泡沫轴–下背部 | 30秒 | | 202 | |
| | 俯卧–两侧转体看脚跟 | 10次 | | 205 | |

# 五年级下学期训练阶段 8（第 15~16 周）

| | 练习名称 | 重复 | 组数 | 页码 | 要点提示 |
|---|---|---|---|---|---|
| **热身** | 毛毛虫纵向爬行 | 6次 | | 84 | 无 |
| | 侧弓步 | 30秒 | 2 | 197 | |
| | 垫步直腿跳 | 10次 | | 192 | |

| | 练习名称 | 重复 | 组数 | 页码 | 要点提示 |
|---|---|---|---|---|---|
| **正式** | 开合跳 | 30秒 | | 48 | 强调动作质量，而不是数量 |
| | 平板支撑-动态登山 | 30秒 | | 136 | |
| | 弓步跳 | 4次 | 2~3 | 146 | |
| | 仰卧-剪刀腿交叉 | 20次 | | 119 | |
| | 俯卧-模拟游泳姿（自由泳） | 8次 | | 37 | |
| | 臀桥-军步屈髋 | 8次/侧 | | 145 | |

| | 练习名称 | 重复 | 组数 | 页码 | 要点提示 |
|---|---|---|---|---|---|
| **放松** | 跪撑-胸椎旋转 | 6次/侧 | | 213 | 强调目标肌肉有中等的牵拉感或按压感 |
| | 泡沫轴-腘绳肌 | 30秒/侧 | | 86 | |
| | 腘绳肌拉伸 | 30秒/侧 | 1 | 88 | |
| | 臀肌和梨状肌被动拉伸-仰卧4字形 | 30秒/侧 | | 88 | |
| | 跪式起跑者弓步 | 30秒/侧 | | 208 | |

## 五年级下学期训练阶段 9（第 17~18 周）

| | 练习名称 | 重复 | 组数 | 页码 | 要点提示 |
|---|---|---|---|---|---|
| **热身** | 站姿–对侧–肘碰膝–垫步跳 | 20次 | | 193 | |
| | 开合跳 | 30次 | 2 | 48 | 无 |
| | 站姿–对侧–前后–手碰脚 | 20次 | | 104 | |

| | 练习名称 | 重复 | 组数 | 页码 | 要点提示 |
|---|---|---|---|---|---|
| **正式** | 碎步跑 | 5~10秒 | | 133 | 学生进行碎步跑，教师随机喊出口令，让学生尽可能快地开始50米跑。完成50米跑后，进行军步走–纵向练习 |
| | 50米跑 | 1次 | | 59 | |
| | 军步走–纵向 | 16次 | | 62 | |
| | 弓步跳 | 4次 | 2 | 146 | |
| | 弹力带–站姿–腘绳肌收缩 | 4次/侧 | | 146 | 强调动作质量，而不是数量 |
| | 仰卧起坐 | 20次 | | 124 | |
| | 超人式 | 16次 | | 127 | |

| | 练习名称 | 重复 | 组数 | 页码 | 要点提示 |
|---|---|---|---|---|---|
| **放松** | 印度式俯卧撑 | 30秒 | | 91 | |
| | 主动拉伸腹肌、三角肌和髋屈肌–动态弓式 | 8次 | | 87 | |
| | 跪式起跑者弓步 | 30秒/侧 | | 208 | 强调目标肌肉有中等的牵拉感或按压感 |
| | 臀肌和梨状肌被动拉伸–仰卧4字形 | 30秒/侧 | 1 | 88 | |
| | 泡沫轴–腘绳肌 | 30秒/侧 | | 86 | |
| | 弹力带–仰卧–腘绳肌拉伸 | 30秒/侧 | | 89 | |

## 五年级下学期训练阶段 10（第 19~20 周）

| | 练习名称 | 重复 | 组数 | 页码 | 要点提示 |
|---|---|---|---|---|---|
| **热身** | 慢跑 | 2分钟 | | 46 | |
| | 行进弓步 | 10米 | 2 | 194 | 无 |
| | 标准跳绳 | 20次 | | 101 | |

| | 练习名称 | 重复 | 组数 | 页码 | 要点提示 |
|---|---|---|---|---|---|
| **正式** | 波比跳 | 8次 | | 49 | |
| | 弹力带-站姿-腘绳肌收缩 | 4次/侧 | | 146 | |
| | 徒手蹲-双脚跳 | 6次 | | 147 | |
| | 迷你带-蚌式开合 | 6次/侧 | 2~3 | 144 | 无 |
| | 弹力带-旋转上提-双臂 | 6次/侧 | | 139 | |
| | 仰卧起坐 | 20次 | | 124 | |
| | 超人式 | 10次 | | 127 | |

| | 练习名称 | 重复 | 组数 | 页码 | 要点提示 |
|---|---|---|---|---|---|
| **放松** | 躯干伸肌、背阔肌、菱形肌和臀肌-主动拉伸-动态仰卧脊椎旋转 | 8次 | | 207 | |
| | 主动拉伸腹肌、三角肌和髋屈肌-动态弓式 | 8次 | | 87 | |
| | 泡沫轴-下背部 | 30秒 | | 202 | |
| | 臀肌和梨状肌被动拉伸-仰卧4字形 | 30秒/侧 | 1 | 88 | 强调目标肌肉有中等的牵拉感或按压感 |
| | 跪式起跑者弓步 | 30秒/侧 | | 208 | |
| | 燕式平衡-腘绳肌拉伸 | 10次/侧 | | 94 | |
| | 弹力带-仰卧-腘绳肌拉伸 | 30秒/侧 | | 89 | |

## 六年级上学期训练阶段1（第1~2周）

| | 练习名称 | 重复 | 组数 | 页码 | 要点提示 |
|---|---|---|---|---|---|
| **热身** | 垫步跳–纵向 | 10米 | | 191 | |
| | 垫步直腿跳 | 10次 | 2 | 192 | 无 |
| | 兑儿欧卡舞/交叉步 | 10米 | | 195 | |

| | 练习名称 | 重复 | 组数 | 页码 | 要点提示 |
|---|---|---|---|---|---|
| **正式** | 平板爬行–纵向 | 5米 | | 27 | 将3个身高、体重相仿的学生分为一组，设置3条平行且相距5米的线，每组3人分别站在这3条线上。<br>最边上的学生先以平板爬行–纵向的方式爬至中间的线，与中间的学生进行2次俯撑–搭档拍手后，在原地完成1次深蹲跳，中间的学生以同样的方式（平板爬行–纵向）爬至另外一侧学生边上，与其完成2次俯撑–搭档拍手，再在原地完成1次深蹲跳，以此类推。<br>强调动作质量，而非数量 |
| | 俯撑–搭档拍手 | 2次 | 2~3 | 24 | |
| | 深蹲跳 | 1次 | | 63 | |

| | 练习名称 | 重复 | 组数 | 页码 | 要点提示 |
|---|---|---|---|---|---|
| **放松** | 泡沫轴–肱二头肌 | 30秒/侧 | | 200 | |
| | 泡沫轴–肱三头肌 | 30秒/侧 | 2 | 201 | 强调目标肌肉有中等的牵拉感或按压感 |
| | 俯卧–两侧转体看脚跟 | 10次 | | 205 | |

# 六年级上学期训练阶段2（第3~4周）

| | 练习名称 | 重复 | 组数 | 页码 | 要点提示 |
|---|---|---|---|---|---|
| 热身 | 直臂绕环 | 30秒 | 2 | 196 | 也可使用节拍口令，动态练习进行4个8拍，静态练习保持2个8拍 |
| | 垫步直腿跳 | 10次 | | 192 | 无 |
| | 跪撑–肘膝触碰 | 10次/侧 | | 199 | |

| | 练习名称 | 重复 | 组数 | 页码 | 要点提示 |
|---|---|---|---|---|---|
| 正式 | 碎步跑 | 30秒 | 3 | 133 | 强调动作质量，而非数量 |
| | 俯卧–模拟游泳姿（蛙泳） | 8次 | | 38 | |
| | 波比跳 | 30秒 | | 49 | |
| | 俯桥–单臂上举 | 30秒/侧 | | 29 | |

| | 练习名称 | 重复 | 组数 | 页码 | 要点提示 |
|---|---|---|---|---|---|
| 放松 | 鸟式 | 30秒 | 1 | 51 | 强调目标肌肉有中等的牵拉感 |
| | 三角肌后束–被动拉伸 | 30秒/侧 | | 200 | |
| | 身体向上、向下伸展 | 30秒 | | 85 | |
| | 臀肌和梨状肌被动拉伸–仰卧4字形 | 30秒/侧 | | 88 | |

# 六年级上学期训练阶段3（第5~6周）

| 热身 | 练习名称 | 重复 | 组数 | 页码 | 要点提示 |
|---|---|---|---|---|---|
| | 碎步跑 | 5~10秒 | 3 | 133 | 学生进行碎步跑，教师随机喊出口令，让学生尽可能快地完成1次标准深蹲，共喊出3次口令 |
| | 标准深蹲 | 3次 | | 27 | |

| 正式 | 练习名称 | 重复 | 组数 | 页码 | 要点提示 |
|---|---|---|---|---|---|
| | 坐姿背身起跑 | 5次 | 3 | 61 | 学生根据教师的口令，尽可能快地完成 |
| | 跳远 | 2次 | 4 | 64 | 让学生站在摆放好的1个栏架附近。学生尽最大努力跳远2次之后，快速进行2次栏架–双脚跳–旋转–无反向–90度练习 |
| | 栏架–双脚跳–旋转–无反向–90度 | 2次 | | 70 | |

| 放松 | 练习名称 | 重复 | 组数 | 页码 | 要点提示 |
|---|---|---|---|---|---|
| | 泡沫轴–脚跟坐姿–胸椎灵活性牵拉 | 6次/侧 | 1 | 209 | 强调目标肌肉有中等的按压感 |
| | 泡沫轴–大腿外侧 | 20秒/侧 | | 203 | |
| | 泡沫轴–大腿内侧 | 20秒/侧 | | 203 | |
| | 泡沫轴–臀肌–单侧 | 20秒/侧 | | 202 | |

# 六年级上学期训练阶段 4（第 7~8 周）

| | 练习名称 | 重复 | 组数 | 页码 | 要点提示 |
|---|---|---|---|---|---|
| 热身 | 身体向上、向下伸展 | 30秒 | 2 | 85 | 无 |
| | 弹力带–站姿–Y字激活 | 8次 | | 198 | |
| | 站姿–对侧–肘碰膝–垫步跳 | 20次 | | 193 | |

| | 练习名称 | 重复 | 组数 | 页码 | 要点提示 |
|---|---|---|---|---|---|
| 正式 | 波比跳 | 30秒 | 2 | 49 | 强调动作质量，而非数量 |
| | 站姿–对侧–前后–手碰脚 | 30次 | | 104 | |
| | 仰卧起坐 | 30秒 | | 124 | |
| | 徒手蹲–相扑式 | 30秒 | | 63 | |

| | 练习名称 | 重复 | 组数 | 页码 | 要点提示 |
|---|---|---|---|---|---|
| 放松 | 印度式俯卧撑 | 20秒 | 1 | 91 | 强调目标肌肉有中等的牵拉感 |
| | 蝴蝶翅膀式 | 20秒 | | 209 | |
| | 侧卧–股四头肌和髋屈肌拉伸 | 20秒/侧 | | 92 | |

# 六年级上学期训练阶段 5（第 9~10 周）

| | 练习名称 | 重复 | 组数 | 页码 | 要点提示 |
|---|---|---|---|---|---|
| 热身 | 侧弓步 | 30秒 | 2 | 197 | 无 |
| | 徒手蹲–相扑式 | 30秒 | | 63 | |
| | 单腿臀桥 | 8次/侧 | | 145 | |

| | 练习名称 | 重复 | 组数 | 页码 | 要点提示 |
|---|---|---|---|---|---|
| 正式 | 哑铃–深蹲跳 | 4次 | 3 | 142 | 无 |
| | 弹力带–仰卧–卷腹 | 16次 | | 125 | |
| | 哑铃–基本硬拉 | 8次 | | 143 | |
| | 弹力带–站姿–腘绳肌收缩 | 8次/侧 | | 146 | |

| | 练习名称 | 重复 | 组数 | 页码 | 要点提示 |
|---|---|---|---|---|---|
| 放松 | 泡沫轴–下背部 | 30秒 | 1 | 202 | 强调目标肌肉有中等的牵拉感或按压感 |
| | 泡沫轴–臀肌–单侧 | 30秒/侧 | | 202 | |
| | 泡沫轴–股四头肌 | 30秒/侧 | | 93 | |
| | 泡沫轴–腘绳肌 | 30秒/侧 | | 86 | |
| | 躯干伸肌、背阔肌、菱形肌和臀肌–主动拉伸–动态仰卧脊椎旋转 | 10次 | | 207 | |

# 六年级上学期训练阶段6（第11~12周）

| | 练习名称 | 重复 | 组数 | 页码 | 要点提示 |
|---|---|---|---|---|---|
| **热身** | 胸肌–主动拉伸–动态胸部扩张 | 30秒 | | 190 | |
| | 弹力带–站姿–T字激活 | 10次 | 2 | 198 | 无 |
| | 平板支撑–转体 | 8次 | | 30 | |

| | 练习名称 | 重复 | 组数 | 页码 | 要点提示 |
|---|---|---|---|---|---|
| **正式** | 波比跳 | 30秒 | | 49 | |
| | 俯卧撑 | 30秒 | | 36 | 强调动作质量。4个练习之间的间歇时间为10秒，尽量严格遵守 |
| | 仰卧起坐 | 40秒 | 3 | 124 | |
| | 转体卷腹 | 30秒 | | 124 | |

| | 练习名称 | 重复 | 组数 | 页码 | 要点提示 |
|---|---|---|---|---|---|
| **放松** | 战士二式 | 30秒 | | 50 | |
| | 胸肌–主动拉伸–动态胸部扩张 | 30秒 | | 190 | |
| | 俯卧–两侧转体看脚跟 | 10次 | 1 | 205 | 强调目标肌肉有中等的牵拉感 |
| | 弹力带–仰卧–腘绳肌拉伸 | 30秒/侧 | | 89 | |
| | 侧卧–股四头肌和髋屈肌拉伸 | 30秒/侧 | | 92 | |

# 六年级上学期训练阶段7（第13~14周）

| | 练习名称 | 重复 | 组数 | 页码 | 要点提示 |
|---|---|---|---|---|---|
| **热身** | 站姿-对侧-肘碰膝-垫步跳 | 30秒 | | 193 | |
| | 行进弓步 | 10米 | 2 | 194 | 无 |
| | 侧弓步 | 30秒 | | 197 | |

| | 练习名称 | 重复 | 组数 | 页码 | 要点提示 |
|---|---|---|---|---|---|
| **正式** | 侧身探肩绕杆 | 10次 | 1 | 132 | 尽量让学生掌握正确的技术动作 |
| | 军步走-原地 | 12次 | | 62 | 强调动作质量，而非数量 |
| | 弓步跳 | 6次 | 2 | 146 | |
| | 50米跑 | 1次 | 4 | 59 | 无 |

| | 练习名称 | 重复 | 组数 | 页码 | 要点提示 |
|---|---|---|---|---|---|
| **放松** | 半月式 | 30秒 | | 51 | |
| | 90度牵拉-手臂绕摆 | 8次/侧 | | 208 | 强调目标肌肉有中等的牵拉感 |
| | 弹力带-仰卧-腘绳肌拉伸 | 30秒/侧 | 1 | 89 | |
| | 跪式起跑者弓步 | 30秒/侧 | | 208 | |

# 六年级上学期训练阶段 8（第 15~16 周）

| | 练习名称 | 重复 | 组数 | 页码 | 要点提示 |
|---|---|---|---|---|---|
| **热身** | 侧桥–抬腿–静态 | 20秒/侧 | | 74 | |
| | 标准臀桥–静态 | 30秒 | 2 | 76 | 无 |
| | 屈髋外旋跳 | 10次 | | 195 | |

| | 练习名称 | 重复 | 组数 | 页码 | 要点提示 |
|---|---|---|---|---|---|
| **正式** | 军步走–原地 | 12次 | 2~3 | 62 | 无 |
| | 50米跑 | 1次 | | 59 | |

| | 练习名称 | 重复 | 组数 | 页码 | 要点提示 |
|---|---|---|---|---|---|
| **放松** | 泡沫轴–臀肌 | 30秒 | | 86 | |
| | 泡沫轴–大腿外侧 | 30秒/侧 | | 203 | |
| | 泡沫轴–大腿内侧 | 30秒/侧 | 1 | 203 | 强调目标肌肉有中等的牵拉感或按压感 |
| | 臀肌和梨状肌被动拉伸–舞者动作 | 30秒/侧 | | 89 | |
| | 侧卧–股四头肌和髋屈肌拉伸 | 30秒/侧 | | 92 | |

# 六年级上学期训练阶段 9（第 17~18 周）

| | 练习名称 | 重复 | 组数 | 页码 | 要点提示 |
|---|---|---|---|---|---|
| **热身** | 标志棒–侧向跳跃 | 20次 | 2 | 108 | 无 |
| | 侧抬腿步 | 12次/侧 | | 111 | |
| | 交叉腿 | 6次 | | 109 | |

| | 练习名称 | 重复 | 组数 | 页码 | 要点提示 |
|---|---|---|---|---|---|
| **正式** | 交叉跳绳 | 20次 | 1 | 103 | 尽量不要失误 |
| | 限时70次不间断跳绳 | 1次 | | 102 | 无 |
| | 100次不间断跳绳 | 1次 | | 101 | |
| | 限时100次不间断跳绳 | 1次 | | 102 | 教师应根据学生的具体情况规定时长 |

| | 练习名称 | 重复 | 组数 | 页码 | 要点提示 |
|---|---|---|---|---|---|
| **放松** | 筋膜球–足底 | 30秒/侧 | 1 | 83 | 强调目标肌肉有中等的牵拉感或按压感 |
| | 泡沫轴–小腿前侧 | 30秒 | | 204 | |
| | 泡沫轴–小腿后侧 | 30秒/侧 | | 204 | |
| | 臀肌和梨状肌被动拉伸–舞者动作 | 30秒/侧 | | 89 | |
| | 泡沫轴–股四头肌 | 30秒/侧 | | 93 | |

# 六年级上学期训练阶段10（第19~20周）

| | 练习名称 | 重复 | 组数 | 页码 | 要点提示 |
|---|---|---|---|---|---|
| **热身** | 开合跳 | 45秒 | | 48 | |
| | 腘绳肌–被动拉伸–单腿屈髋 | 30秒/侧 | 2 | 83 | 无 |
| | 弹力带–站姿–腘绳肌收缩 | 8次/侧 | | 146 | |

| | 练习名称 | 重复 | 组数 | 页码 | 要点提示 |
|---|---|---|---|---|---|
| **正式** | 筋膜球–足底 | 30秒/侧 | | 83 | |
| | 泡沫轴–小腿后侧 | 30秒/侧 | | 204 | |
| | 泡沫轴–腘绳肌 | 30秒/侧 | 2 | 86 | 强调目标肌肉有中等的牵拉感或按压感 |
| | 泡沫轴–臀肌 | 30秒 | | 86 | |
| | 泡沫轴–下背部 | 30秒 | | 202 | |
| | 弹力带–仰卧–腘绳肌拉伸 | 30秒/侧 | | 89 | |

| | 练习名称 | 重复 | 组数 | 页码 | 要点提示 |
|---|---|---|---|---|---|
| **放松** | 泡沫轴–小腿前侧 | 30秒 | 2 | 204 | 强调目标肌肉有中等的牵拉感或按压感 |
| | 跪式起跑者弓步 | 30秒/侧 | | 208 | |

## 六年级下学期训练阶段1（第1~2周）

| | 练习名称 | 重复 | 组数 | 页码 | 要点提示 |
|---|---|---|---|---|---|
| **热身** | 胸肌–主动拉伸–动态胸部扩张 | 30秒 | | 190 | |
| | 毛毛虫纵向爬行 | 8次 | 2 | 84 | 无 |
| | 行进弓步 | 10米 | | 194 | |

| | 练习名称 | 重复 | 组数 | 页码 | 要点提示 |
|---|---|---|---|---|---|
| **正式** | 搭档座椅平衡 | 10秒×20次 | | 25 | 尽量将两个身高、体重相仿的学生分为一组。两个学生每进行1次搭档坐下起立之前，都先完成10秒的搭档座椅平衡。若学生无法完成标准的俯卧撑，可以改成跪姿俯卧撑，以降低难度 |
| | 搭档坐下起立 | 20次 | | 26 | |
| | 俯卧撑 | 20次 | 2~3 | 36 | |
| | 俯卧–T字 | 10次 | | 33 | |
| | 仰卧–手摸对侧脚尖 | 8次 | | 122 | |
| | 侧平板支撑–并腿 | 30秒/侧 | | 118 | |

| | 练习名称 | 重复 | 组数 | 页码 | 要点提示 |
|---|---|---|---|---|---|
| **放松** | 90度牵拉–手臂绕摆 | 30秒/侧 | | 208 | 强调目标肌肉有中等的牵拉感或按压感 |
| | 泡沫轴–腘绳肌 | 30秒/侧 | | 86 | |
| | 泡沫轴–股四头肌 | 30秒/侧 | 1 | 93 | |
| | 泡沫轴–臀肌 | 30秒 | | 86 | |
| | 泡沫轴–下背部 | 30秒 | | 202 | |
| | 泡沫轴–上背部 | 30秒 | | 201 | |

## 六年级下学期训练阶段2（第3~4周）

| | 练习名称 | 重复 | 组数 | 页码 | 要点提示 |
|---|---|---|---|---|---|
| 热身 | 振臂跳 | 10米 | | 193 | |
| | 毛毛虫纵向爬行 | 10次 | 2 | 84 | 无 |
| | 行进弓步 | 10米 | | 194 | |

| | 练习名称 | 重复 | 组数 | 页码 | 要点提示 |
|---|---|---|---|---|---|
| 正式 | 标准深蹲 | 5次 | | 27 | |
| | 俯卧撑 | 6次 | | 36 | |
| | 臀桥 | 30秒 | 2 | 35 | 无 |
| | 平板支撑–转体 | 8次 | | 30 | |
| | 仰卧–手摸对侧脚尖 | 8次 | | 122 | |
| | 俯卧–模拟游泳姿（自由泳） | 8次 | | 37 | |

| | 练习名称 | 重复 | 组数 | 页码 | 要点提示 |
|---|---|---|---|---|---|
| 放松 | 90度牵拉–手臂绕摆 | 30秒/侧 | | 208 | |
| | 泡沫轴–腘绳肌 | 30秒/侧 | | 86 | |
| | 泡沫轴–股四头肌 | 30秒/侧 | | 93 | |
| | 泡沫轴–臀肌 | 30秒 | 1 | 86 | 强调目标肌肉有中等的牵拉感或按压感 |
| | 泡沫轴–下背部 | 30秒 | | 202 | |
| | 泡沫轴–肱二头肌 | 30秒/侧 | | 200 | |
| | 泡沫轴–肱三头肌 | 30秒/侧 | | 201 | |

# 六年级下学期训练阶段3（第5~6周）

| | 练习名称 | 重复 | 组数 | 页码 | 要点提示 |
|---|---|---|---|---|---|
| **热身** | 慢跑 | 1分钟 | 2 | 46 | 无 |
| | 开合跳 | 20次 | | 48 | |
| | 军步走–原地 | 16次 | | 62 | |

| | 练习名称 | 重复 | 组数 | 页码 | 要点提示 |
|---|---|---|---|---|---|
| **正式** | 交叉跳绳 | 40次 | 2 | 103 | 尽量在1分钟内完成1个练习，剩下的时间用于休息，下一个1分钟到来的时候进行下一个练习 |
| | 飞越巅峰 | 30次 | | 112 | |
| | 站姿–对侧–前后–手碰脚 | 20次 | | 104 | |
| | 平板支撑–动态登山 | 15秒 | | 136 | |
| | 运送气球 | 2分钟 | 1 | 45 | 无 |

| | 练习名称 | 重复 | 组数 | 页码 | 要点提示 |
|---|---|---|---|---|---|
| **放松** | 髋内收肌–坐式主动拉伸 | 30秒 | 1 | 206 | 强调目标肌肉有中等的牵拉感 |
| | 弹力带–仰卧–腘绳肌拉伸 | 30秒/侧 | | 89 | |
| | 跪式起跑者弓步 | 30秒/侧 | | 208 | |
| | 坐姿转体拉伸 | 30秒/侧 | | 90 | |

# 六年级上学期训练阶段 4（第 7~8 周）

| | 练习名称 | 重复 | 组数 | 页码 | 要点提示 |
|---|---|---|---|---|---|
| **热身** | 慢跑 | 1分钟 | | 46 | |
| | 开合跳 | 20次 | 2 | 48 | 无 |
| | 双脚左右跳 | 16次 | | 46 | |

| | 练习名称 | 重复 | 组数 | 页码 | 要点提示 |
|---|---|---|---|---|---|
| **正式** | 波比跳 | 8次 | | 49 | |
| | 飞越巅峰 | 12次 | | 112 | |
| | 站姿–对侧–前后–手碰脚 | 16次 | 2 | 104 | 尽量在1分钟内完成1个练习，剩下的时间用于休息，下一个1分钟到来的时候进行下一个练习 |
| | 平板支撑–动态登山 | 20次 | | 136 | |
| | 碎步跑 | 30秒 | | 133 | |
| | 战士二式 | 30秒 | | 50 | 无 |

| | 练习名称 | 重复 | 组数 | 页码 | 要点提示 |
|---|---|---|---|---|---|
| **放松** | 弹力带–仰卧–腘绳肌拉伸 | 30秒/侧 | | 89 | |
| | 跪式起跑者弓步 | 30秒/侧 | 1 | 208 | 强调目标肌肉有中等的牵拉感 |
| | 臀肌和梨状肌被动拉伸–舞者动作 | 30秒/侧 | | 89 | |

## 六年级下学期训练阶段 5（第 9~10 周）

| | 练习名称 | 重复 | 组数 | 页码 | 要点提示 |
|---|---|---|---|---|---|
| **热身** | 燕式平衡–腘绳肌拉伸 | 10次/侧 | 2 | 94 | 无 |
| | 侧弓步 | 10次 | | 197 | |
| | 军步走–纵向 | 10米 | | 62 | |

| | 练习名称 | 重复 | 组数 | 页码 | 要点提示 |
|---|---|---|---|---|---|
| **正式** | 开合跳 | 20次 | 2 | 48 | 无 |
| | 交叉跳绳 | 16次 | | 103 | |
| | 徒手蹲–相扑式 | 12次 | | 63 | |
| | 弹力带–仰卧–半程卷腹 | 12次 | | 125 | |
| | 臀桥–抱膝式 | 30秒/侧 | | 75 | 做这个练习时应注意感受臀部发力的感觉（可让学生在做动作时摸自己的臀部，感觉肌肉收缩的状态） |

| | 练习名称 | 重复 | 组数 | 页码 | 要点提示 |
|---|---|---|---|---|---|
| **放松** | 俯卧–两侧转体看脚跟 | 10次 | 1 | 205 | 强调目标肌肉有中等的牵拉感或按压感 |
| | 泡沫轴–脚跟坐姿–胸椎灵活性牵拉 | 6次/侧 | | 209 | |
| | 泡沫轴–腘绳肌 | 30秒/侧 | | 86 | |
| | 泡沫轴–股四头肌 | 30秒/侧 | | 93 | |
| | 泡沫轴–臀肌–单侧 | 30秒/侧 | | 202 | |
| | 泡沫轴–下背部 | 30秒 | | 202 | |

## 六年级下学期训练阶段 6（第 11~12 周）

| | 练习名称 | 重复 | 组数 | 页码 | 要点提示 |
|---|---|---|---|---|---|
| **热身** | 行进弓步 | 10米 | | 194 | 无 |
| | 侧弓步 | 10次 | 2 | 197 | |
| | 单脚跳绳 | 10次/侧 | | 102 | |

| | 练习名称 | 重复 | 组数 | 页码 | 要点提示 |
|---|---|---|---|---|---|
| **正式** | 波比跳 | 6次 | | 49 | 无 |
| | 深蹲跳 | 6次 | | 63 | |
| | 仰卧-同侧交替手摸脚跟 | 12次 | | 120 | |
| | 臀桥-抱膝式 | 30秒/侧 | 2 | 75 | 做这个练习时应注意感受臀部发力的感觉（可让学生在做动作的时候摸自己的臀部，感觉肌肉收缩的状态） |
| | 俯卧-模拟游泳姿（蛙泳） | 12次 | | 38 | 无 |
| | 碎步跑 | 5~10秒 | | 133 | 学生进行碎步跑，教师随机喊出口令，让学生尽可能快地开始50米跑 |
| | 50米跑 | 1次 | | 59 | |

| | 练习名称 | 重复 | 组数 | 页码 | 要点提示 |
|---|---|---|---|---|---|
| **放松** | 俯卧-两侧转体看脚跟 | 10次 | | 205 | 强调目标肌肉有中等的牵拉感 |
| | 身体向上、向下伸展 | 10次 | | 85 | |
| | 臀肌和梨状肌被动拉伸-舞者动作 | 30秒/侧 | 1 | 89 | |
| | 侧卧-股四头肌和髋屈肌拉伸 | 30秒/侧 | | 92 | |

# 六年级下学期训练阶段 7（第 13~14 周）

| | 练习名称 | 重复 | 组数 | 页码 | 要点提示 |
|---|---|---|---|---|---|
| 热身 | 振臂跳 | 10米 | 3 | 193 | 无 |
| | 屈髋外旋跳 | 10次 | | 195 | |
| | 行进弓步 | 10米 | | 194 | |

| | 练习名称 | 重复 | 组数 | 页码 | 要点提示 |
|---|---|---|---|---|---|
| 正式 | 弹力带–阻力跳上踏板 | 6次 | 2 | 73 | 无 |
| | 弹力带–旋转上提–双臂 | 8次/侧 | | 139 | |
| | 单腿臀桥 | 8次/侧 | | 145 | |
| | 弹力带–仰卧–卷腹 | 10次 | | 125 | |
| | 仰卧–手摸对侧脚尖 | 8次 | | 122 | |
| | 侧桥–抬腿–静态 | 15秒/侧 | | 74 | |

| | 练习名称 | 重复 | 组数 | 页码 | 要点提示 |
|---|---|---|---|---|---|
| 放松 | 主动拉伸腹肌、三角肌和髋屈–动态弓式 | 30秒 | 1~2 | 87 | 强调目标肌肉有中等的牵拉感 |
| | 印度式俯卧撑 | 8次 | | 91 | |
| | 臀肌和梨状肌被动拉伸–舞者动作 | 30秒/侧 | | 89 | |
| | 弹力带–仰卧–腘绳肌拉伸 | 30秒/侧 | | 89 | |

## 六年级下学期训练阶段 8（第 15~16 周）

| | 练习名称 | 重复 | 组数 | 页码 | 要点提示 |
|---|---|---|---|---|---|
| **热身** | 行进弓步 | 10米 | 3 | 194 | 无 |
| | 屈髋外旋跳 | 10次 | | 195 | |
| | 碎步跑 | 20秒 | | 133 | |

| | 练习名称 | 重复 | 组数 | 页码 | 要点提示 |
|---|---|---|---|---|---|
| **正式** | 波比跳 | 6次 | 2 | 49 | 无 |
| | 平板支撑–单腿后伸 | 20秒/侧 | | 136 | |
| | 药球–双侧交替分腿蹲跳 | 4次 | | 147 | |
| | 弹力带–仰卧–卷腹 | 16次 | | 125 | |
| | 仰卧–倒踩单车 | 30次 | | 122 | |
| | 俯卧–抬起上身–手脚抬起 | 6次/侧 | | 128 | |

| | 练习名称 | 重复 | 组数 | 页码 | 要点提示 |
|---|---|---|---|---|---|
| **放松** | 泡沫轴–下背部 | 30秒 | 1 | 202 | 强调目标肌肉有中等的牵拉感或按压感 |
| | 泡沫轴–臀肌–单侧 | 30秒/侧 | | 202 | |
| | 臀肌和梨状肌被动拉伸–舞者动作 | 30秒/侧 | | 89 | |
| | 侧卧–股四头肌和髋屈肌拉伸 | 30秒/侧 | | 92 | |
| | 泡沫轴–腘绳肌 | 30秒/侧 | | 86 | |
| | 弹力带–仰卧–腘绳肌拉伸 | 30秒/侧 | | 89 | |

# 六年级下学期训练阶段9（第17~18周）

| 热身 | 练习名称 | 重复 | 组数 | 页码 | 要点提示 |
|---|---|---|---|---|---|
| | 标准跳绳 | 30次 | | 101 | |
| | 开合跳 | 20次 | 3 | 48 | 无 |
| | 站姿–对侧–前后–手碰脚 | 10次 | | 104 | |

| 正式 | 练习名称 | 重复 | 组数 | 页码 | 要点提示 |
|---|---|---|---|---|---|
| | 弹力带–跳跃踢臀 | 16次 | | 72 | |
| | 栏架–横向–高抬腿–变向停顿–2栏架 | 4次 | | 135 | |
| | 弹力带–站姿–腘绳肌收缩 | 6次/侧 | 2 | 146 | 无 |
| | 迷你带–蚌式开合 | 6次/侧 | | 144 | |
| | 仰卧起坐 | 20次 | | 124 | |
| | 俯卧–抬起上身–手脚抬起 | 8次/侧 | | 128 | |

| 放松 | 练习名称 | 重复 | 组数 | 页码 | 要点提示 |
|---|---|---|---|---|---|
| | 泡沫轴–下背部 | 30秒 | | 202 | |
| | 臀肌和梨状肌被动拉伸–仰卧4字形 | 30秒/侧 | | 88 | |
| | 跪式起跑者弓步 | 30秒/侧 | 1 | 208 | 强调目标肌肉有中等的牵拉感或按压感 |
| | 泡沫轴–腘绳肌 | 30秒/侧 | | 86 | |
| | 弹力带–仰卧–腘绳肌拉伸 | 30秒/侧 | | 89 | |

# 六年级下学期训练阶段 10（第 19~20 周）

| | 练习名称 | 重复 | 组数 | 页码 | 要点提示 |
|---|---|---|---|---|---|
| **热身** | 开合跳 | 20次 | 2 | 48 | 无 |
| | 站姿–对侧–前后–手碰脚 | 10次 | | 104 | |
| | 波比跳 | 6次 | | 49 | |

| | 练习名称 | 重复 | 组数 | 页码 | 要点提示 |
|---|---|---|---|---|---|
| **正式** | 碎步跑 | 5~10秒 | 3 | 133 | 学生进行碎步跑，教师随机喊出口令，让学生尽可能快地开始50米跑 |
| | 50米跑 | 1次 | | 59 | |
| | 徒手蹲–相扑式 | 8次 | 2 | 63 | 无 |
| | 深蹲跳 | 4次 | | 63 | |
| | 转体卷腹 | 10次 | | 124 | |
| | 俯卧–抬起上身–手脚抬起 | 8次/侧 | | 128 | |

| | 练习名称 | 重复 | 组数 | 页码 | 要点提示 |
|---|---|---|---|---|---|
| **放松** | 泡沫轴–下背部 | 30秒 | 1 | 202 | 强调目标肌肉有中等的牵拉感或按压感 |
| | 泡沫轴–臀肌 | 30秒 | | 86 | |
| | 臀肌和梨状肌被动拉伸–舞者动作 | 30秒/侧 | | 89 | |
| | 跪式起跑者弓步 | 30秒/侧 | | 208 | |
| | 泡沫轴–腘绳肌 | 30秒/侧 | | 86 | |
| | 弹力带–仰卧–腘绳肌拉伸 | 30秒/侧 | | 89 | |

# 附录 热身与放松

● 胸肌–主动拉伸–动态胸部扩张

> 肘部向后移动时呼气，恢复时吸气。

**1**

双脚开立，与肩同宽，核心收紧，挺胸抬头，目视前方。双臂屈肘，双手交叉置于头后。

**2**

双肘向后移动，直至胸部有一定的牵拉感。回到起始姿势，完成规定的时间。

### 要点提示

● 不要弓背和塌腰。

训练目标 柔韧性

训练部位 胸部

所需器材 无

主要肌肉 胸大肌

## 垫步跳–纵向

跳跃时呼气，落地时吸气。

**1**

身体呈直立站姿。双脚开立，略小于肩宽，双臂自然垂于身体两侧。

**2**

保持躯干挺直，核心收紧，抬一侧腿至大腿与地面接近平行，对侧脚跳起，双臂自然摆动。抬起腿落地时，在前脚掌接触地面的瞬间，迅速跳起，同时身体重心前移，换对侧腿抬起至大腿与地面接近平行。双腿交替进行，完成规定的时间或距离。

训练目标　动作技能、热身
训练部位　全身
所需器材　无
主要肌肉　下肢肌群

### 要点提示

● 跳起过程中，膝盖和脚尖一致向前。
● 核心收紧，上身保持稳定。

● 垫步直腿跳

训练目标 **灵活性、协调性、热身**    主要肌肉 **下肢肌群**
训练部位 **全身**
所需器材 **无**

全程保持均匀呼吸。

**要点提示**

● 跳起过程中，膝盖和脚尖一致向前。

**1** 身体呈直立站姿。双脚开立，双臂自然垂于身体两侧。

**2** 保持核心收紧，屈髋伸膝抬一侧腿，同时让对侧手触碰抬起腿的脚尖。抬起腿落地时，在前脚掌接触地面的瞬间，迅速跳起，同时换对侧腿抬起，重复对侧手与脚尖触碰的动作。两侧交替进行，完成规定的次数。

● 三角肌前束-主动拉伸

训练目标 **柔韧性**
训练部位 **肩部**
所需器材 **无**
主要肌肉 **三角肌前束**

全程保持均匀呼吸。

**要点提示**

● 保持核心收紧，双臂向后伸直，慢慢向上抬起。

**1** 身体呈直立站姿，双脚开立，与肩同宽，核心收紧，双手交叉置于臀部后方。

**2** 躯干不动，双臂向上抬起，直至三角肌前束有一定的牵拉感，保持该姿势至规定的时间。

● 振臂跳

训练目标 灵活性、协调性、
热身
训练部位 全身
所需器材 无
主要肌肉 下肢肌群、肩部肌群

全程保持均匀呼吸。

**1**

**2**

**要点提示**

● 全程保持核心收紧。

双脚开立，小于肩宽，双手自然垂于身体两侧，面部朝前。

身体向上跳起，一侧手臂举过头顶，同侧脚向上跳起，对侧腿屈髋屈膝，大腿抬至约与地面平行。换对侧重复。两侧交替进行，完成规定的次数或距离。

● 站姿–对侧–肘碰膝–垫步跳

**要点提示**

● 动作过程中，核心收紧，背部挺直。

肘碰膝时呼气或屏气，落地时吸气。

训练目标 灵活性、协调性、热身
训练部位 全身
所需器材 无
主要肌肉 下肢肌群

**1**

**2**

身体呈直立站姿。双脚开立，双臂自然垂于身体两侧。

保持核心收紧，双脚跳动，抬一侧腿，屈髋屈膝，同时用对侧手肘触碰抬起腿的膝盖。抬起腿落地时，在前脚掌接触地面的瞬间，迅速跳起，同时换对侧腿抬起，重复对侧手肘与膝盖触碰的动作。两侧交替进行，完成规定的次数或时间。

## 胸锁乳突肌和斜方肌–主动拉伸–头部转动

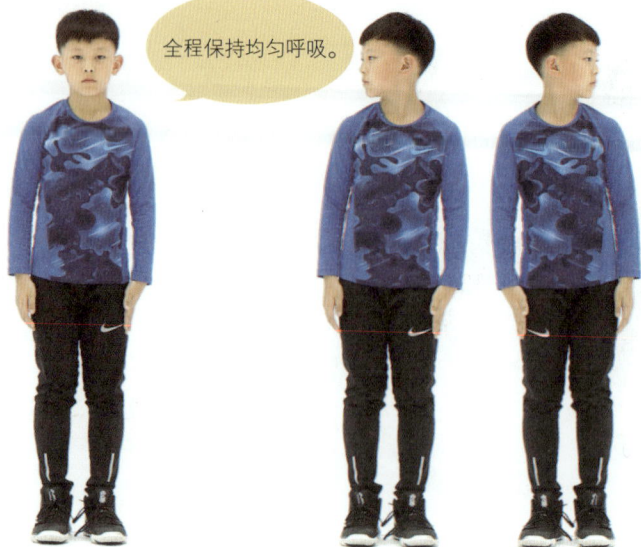

全程保持均匀呼吸。

训练目标　柔韧性
训练部位　颈部、背部
所需器材　无
主要肌肉　胸锁乳突肌、斜方肌

**1** 双脚开立，双臂自然垂于身体两侧，目视前方。

**2** 头最大限度地向一侧旋转，至目标肌肉有一定的牵拉感。回到起始姿势，换对侧重复。两侧交替进行，完成规定的次数。

## 行进弓步

训练目标　力量
训练部位　腿部、臀部
所需器材　无

主要肌肉　下肢肌群

起身时呼气，下蹲时吸气。

**1** 身体呈直立站姿。双腿开立，挺胸收腹，双手叉腰。

**2** 抬一侧腿向前迈出一步，呈弓步姿势。接着前侧大腿和臀部发力站起，后侧腿随即向前迈出一步，呈弓步姿势。两侧交替进行，完成规定的次数或距离。

### 要点提示

● 动作过程中，躯干直立，膝盖和脚尖一致向前。

附录　热身与放松

## ● 克力欧卡舞/交叉步

训练目标 灵敏性、灵活性
训练部位 腿部、髋部
所需器材 无
主要肌肉 下肢肌群、髋部肌群

**要点提示**

● 侧向移动时，保持身体面向正前方。

> 随着动作节奏均匀呼吸。

**1** 双脚开立，与髋同宽，背部挺直，双臂侧平举。

**2** 双腿发力，双脚前后交叉，侧向移动。完成规定的次数或距离。

## ● 屈髋外旋跳

训练目标 灵活性、协调性、热身　　训练部位 髋部、腿部
所需器材 无
主要肌肉 下肢肌群

**要点提示**

● 保持背部挺直，核心收紧。

**1** 身体呈直立站姿，双脚开立，双手叉腰。

**2** 双脚同时起跳，快速抬起一侧腿，屈髋屈膝至身体前方且大腿约平行于地面，然后向外旋髋。落地后，回到起始姿势，紧接着抬起对侧腿完成同样的动作。回到起始姿势，按照同样的标准，两侧交替进行，完成规定的次数。

> 全程保持均匀呼吸。

附录　热身与放松

## ● 直臂绕环

全程保持均匀呼吸。

**要点提示**

● 手臂向后环绕时，肩胛骨夹紧，手臂伸直。

**1** 身体呈直立站姿，核心收紧，背部挺直，双脚开立，双臂自然垂于身体两侧，挺胸抬头，目视前方。

**2** 双臂伸直，先向后向上、再向前向下做环绕动作。回到起始姿势，完成规定的时间。

## ● 侧弓步

训练目标 柔韧性　　　所需器材 无
训练部位 大腿、髋部　主要肌肉 髋内收肌

全程均匀呼吸。

**1** 身体直立，双脚开立，大于肩宽，核心收紧，挺胸抬头，目视前方，双手叉腰。

**2** 身体重心移至一侧腿上，呈侧弓步。双脚脚尖朝前，全脚掌贴地。身体下蹲，对侧腿伸直，保持该姿势1~2秒。

### 要点提示

● 保持胸部和背部挺直，脚尖始终向前。下蹲时重心稳定且膝盖不要超过脚尖。

**3** 换对侧重复。两侧交替进行，完成规定的次数或时间。

● 弹力带–站姿–Y字激活

上举时呼气。

训练目标 力量、稳定性
训练部位 背部、肩部
所需器材 弹力带
主要肌肉 斜方肌、菱形肌、肩袖肌群

**要点提示**

● 动作过程中，保持身体稳定。

**1** 双脚开立，大于肩宽。双臂屈肘，双手握住弹力带两端并置于胸前。

**2** 躯干及腿部保持稳定，肩袖肌群发力，双臂向斜上方45度上举至完全伸直，与躯干呈Y字形。回到起始姿势，完成规定的次数。

● 弹力带–站姿–T字激活

训练目标 力量、稳定性
训练部位 背部、肩部
所需器材 弹力带
主要肌肉 斜方肌、菱形肌、肩袖肌群

下拉时呼气。

**要点提示**

● 动作过程中，保持身体稳定，肩胛骨收紧，避免耸肩和塌腰。

**1** 双脚开立，大于肩宽。双臂屈肘，双手握住弹力带两端并置于胸前。

**2** 躯干及腿部保持稳定，肩袖肌群发力，双臂侧平举，与躯干呈T字形。回到起始姿势，完成规定的次数。

附录 热身与放松

● 弹力带-站姿-W字激活

上举时呼气。

训练目标 **力量、稳定性**
训练部位 **背部、肩部**
所需器材 **弹力带**
主要肌肉 **斜方肌、菱形肌、肩袖肌群**

**1** 双脚开立，大于肩宽。双臂屈肘，双手握住弹力带两端并置于胸前。

**2** 躯干及腿部保持稳定，肩袖肌群发力，双臂向两侧外展，拉弹力带至双臂呈W字形。回到起始姿势，完成规定的次数。

● 跪撑-肘膝触碰

训练目标 **力量、稳定性**     主要肌肉 **核心肌群**
训练部位 **核心**
所需器材 **瑜伽垫**

要点提示

● 动作过程中，将躯干保持在中位线，手和腿伸直至与地面接近平行。

**1** 身体呈俯身跪姿，双手、双膝和双脚脚尖触垫支撑，保持双膝位于髋部正下方。

**2** 保持背部挺直，核心收紧，抬一侧手臂向前伸直至与地面接近平行，同时对侧腿抬至与地面接近平行。

肘碰膝时呼气，伸展时吸气。

**3** 保持支撑手和腿的稳定，非支撑侧屈肘屈膝，让肘部在躯干下方碰触膝盖。重复以上动作，完成规定的次数。换对侧重复。

## ◎ 放松推荐练习

### ● 三角肌后束–被动拉伸

全程保持均匀呼吸。

训练目标　柔韧性
训练部位　肩部
所需器材　无
主要肌肉　三角肌后束

**要点提示**

● 拉伸过程中躯干不要发生旋转。

**1**

双脚开立，与髋同宽，背部挺直，核心收紧，挺胸抬头，目视前方。

**2**

一侧手臂内收，向对侧侧平举，对侧手肘屈曲，锁住伸直手臂，向身体方向拉动，直至三角肌后束有一定的牵拉感，保持该姿势至规定的时间。换对侧重复。

### ● 泡沫轴–肱二头肌

训练目标　柔韧性、恢复再生、激活放松
训练部位　手臂
所需器材　泡沫轴、瑜伽垫
主要肌肉　肱二头肌

**1**

跪于瑜伽垫上，呈俯身跪姿。一侧手臂撑垫，对侧手臂置于泡沫轴上。

全程保持均匀呼吸。

**要点提示**

● 滚动泡沫轴时核心收紧，重点体会肱二头肌的按压感。

**2**

身体移动，使泡沫轴在上臂前侧处来回滚动，滚动时在肌肉酸痛点上停留一定时间。完成规定的次数或时间，换对侧重复。

## ● 泡沫轴-肱三头肌

**训练目标** 柔韧性、恢复再生、激活放松
**训练部位** 手臂
**所需器材** 泡沫轴、瑜伽垫
**主要肌肉** 肱三头肌

全程保持均匀呼吸。

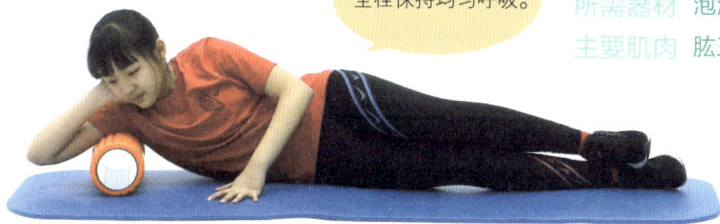

**1** 身体呈侧卧姿势，一侧手臂屈曲，同侧手支撑头部，泡沫轴置于该侧上臂下方。对侧手臂屈曲位于体前，对侧手支撑于垫面。

### 要点提示

● 滚动泡沫轴时核心收紧，重点体会肱三头肌的按压感。

**2** 身体移动，使泡沫轴在上臂后侧处来回滚动，滚动时在肌肉酸痛点上停留一定时间。完成规定的次数或时间，换对侧重复。

## ● 泡沫轴-上背部

**训练目标** 柔韧性、恢复再生、激活放松
**训练部位** 背部
**所需器材** 泡沫轴、瑜伽垫
**主要肌肉** 背阔肌、斜方肌、菱形肌、大圆肌

全程保持均匀呼吸。

**1** 身体呈仰卧姿，屈髋屈膝，泡沫轴置于上背部的下方。

### 要点提示

● 滚动泡沫轴时核心收紧，重点体会肩胛骨周围肌群的按压感。

**2** 身体移动，使泡沫轴在上背部来回滚动，滚动时在肌肉酸痛点上停留一定时间。完成规定的次数或时间。

● **泡沫轴–下背部** 训练目标 柔韧性、恢复再生、激活 主要肌肉 背阔肌、竖脊肌放松

训练部位 下背部

所需器材 泡沫轴、瑜伽垫

**1** 身体呈仰卧姿势，双腿屈膝，将泡沫轴放在下背部，双臂交叉环抱于胸前，核心收紧。

全程保持均匀呼吸。

**要点提示**

● 滚动泡沫轴时核心收紧，重点体会下背部的按压感。

**2** 双腿屈伸蹬地，带动身体前后移动，使泡沫轴在中背部和腰骶部之间来回滚动，滚动时在肌肉酸痛点上停留一定时间。完成规定的次数或时间。

● **泡沫轴–臀肌–单侧**

训练目标 柔韧性、恢复再生、激活放松

训练部位 臀部

所需器材 泡沫轴、瑜伽垫

主要肌肉 臀大肌、臀中肌、臀小肌

全程保持均匀呼吸。

**1** 身体呈坐姿，双臂伸直，双手撑于体后，单腿屈髋屈膝支撑，对侧腿屈曲置于支撑腿的膝关节上方，泡沫轴置于臀部下方，双臂内旋，双手手指指向前方。

**要点提示**

● 滚动泡沫轴时核心收紧，重点体会臀部的按压感。

**2** 身体移动，使泡沫轴在一侧臀部来回滚动，滚动时在肌肉酸痛点上停留一定时间。完成规定的次数或时间，换对侧重复。

## ● 泡沫轴-大腿外侧

全程保持均匀呼吸。

训练目标　柔韧性、恢复再生、激活放松
训练部位　大腿
所需器材　泡沫轴、瑜伽垫
主要肌肉　阔筋膜张肌、髂胫束

**1** 身体呈侧卧姿势，将泡沫轴置于一侧腿髋关节外侧的下方，双臂伸直，双手分开，撑于垫上。

### 要点提示

● 滚动泡沫轴时核心收紧，重点体会大腿外侧的按压感。

**2** 一侧腿伸直，对侧腿屈髋屈膝，置于身体前方。屈曲腿一侧的脚蹬垫，带动身体移动，使泡沫轴在大腿外侧来回滚动，滚动时在肌肉酸痛点上停留一定时间。完成规定的次数或时间，换对侧重复。

## ● 泡沫轴-大腿内侧

全程保持均匀呼吸。

**1** 身体呈俯卧姿势，双臂屈肘支撑，前臂贴于垫面。一侧腿自然伸直，对侧腿屈曲并外展，泡沫轴置于屈曲侧大腿的下方。

训练目标　柔韧性、恢复再生、激活放松
训练部位　大腿
所需器材　泡沫轴、瑜伽垫
主要肌肉　大收肌、短收肌、长收肌

### 要点提示

● 滚动泡沫轴时核心收紧，重点体会大腿内侧的按压感。

**2** 身体移动，使泡沫轴在大腿内侧来回滚动，滚动时在肌肉酸痛点上停留一定时间。完成规定的次数或时间，换对侧重复。

● 泡沫轴-小腿前侧

训练目标　柔韧性、恢复再生、激活放松

训练部位　小腿

所需器材　泡沫轴、瑜伽垫

主要肌肉　胫骨前肌

全程保持均匀呼吸。

**1**

身体呈俯撑姿势，双臂伸直，双手撑于垫上，屈髋屈膝，将泡沫轴置于小腿下方。

### 要点提示

● 滚动泡沫轴时核心收紧，重点体会小腿前侧的按压感。

**2**

双手推垫，带动身体移动，使泡沫轴在小腿前侧来回滚动，滚动时在肌肉酸痛点上停留一定时间。完成规定的次数或时间。

● 泡沫轴-小腿后侧

训练目标　柔韧性、恢复再生、激活放松

训练部位　小腿

所需器材　泡沫轴、瑜伽垫

主要肌肉　腓肠肌、比目鱼肌

全程保持均匀呼吸。

**1**

身体呈坐姿，双腿交叉，将泡沫轴置于小腿下方。双臂伸直，双手撑于体后，手指指向前方。

### 要点提示

● 滚动泡沫轴时核心收紧，重点体会小腿后侧的按压感。

**2**

身体移动，使泡沫轴在小腿后侧来回滚动，滚动时在肌肉酸痛点上停留一定时间。完成规定的次数或时间，换对侧重复。

## ● 泡沫轴–阔筋膜张肌

**训练目标** 柔韧性、恢复再生、激活放松
**训练部位** 腿部
**所需器材** 泡沫轴、瑜伽垫
**主要肌肉** 阔筋膜张肌

### 要点提示

● 滚动泡沫轴时核心收紧，重点体会阔筋膜张肌的按压感。

**1**

身体呈侧卧姿势，将泡沫轴置于一侧髋部外侧偏前方，双臂伸直，双手分开，撑于垫上。压住泡沫轴的腿伸直，对侧腿屈髋屈膝，置于身体前方。

全程保持均匀呼吸。

**2**

屈曲腿一侧的脚蹬垫，带动身体移动，使泡沫轴在髋部外侧偏前方来回滚动。滚动时在肌肉酸痛点上停留一定时间。完成规定的次数或时间，换对侧重复。

## ● 俯卧–两侧转体看脚跟

转体时呼气，回到起始姿势时吸气。

**训练目标** 柔韧性
**训练部位** 腹部
**所需器材** 瑜伽垫
**主要肌肉** 腹部肌群

**1**

身体呈俯卧姿势，双臂伸直，双手分开，撑于垫上。

**2**

下肢不动，头部与躯干向一侧旋转，看向同侧脚跟，直至腹部有一定的牵拉感。下肢保持不动，换对侧重复。两侧交替进行，完成规定的次数或时间。

### 要点提示

● 动作过程中，下肢保持不动，大腿贴紧垫面。

## ● 菱形肌拉伸

训练目标 **柔韧性**
训练部位 **背部**
所需器材 **瑜伽垫**
主要肌肉 **菱形肌**

拉伸过程中保持均匀呼吸。

**1** 身体呈坐姿，双腿屈膝，双手交叉抱住大腿后侧，目视前方。

### 要点提示

● 拉伸过程中，下半身保持不动，双手适当用力。

**2** 双手与腿部不动，含胸低头，直至菱形肌有一定的牵拉感，保持该姿势至规定的时间。

## ● 髋内收肌–坐式主动拉伸

训练目标 **柔韧性**
训练部位 **大腿**
所需器材 **瑜伽垫**
主要肌肉 **髋内收肌**

拉伸过程中保持均匀呼吸。

胸部向双腿间逐渐靠拢时吐气，拉伸过程中保持均匀呼吸。

**1** 身体呈坐姿，背部挺直。双腿屈膝，双脚脚底相对。双臂自然下垂，双手分别握住双踝，前臂置于膝盖内侧，目视前方。

**2** 头部、胸部缓慢向双腿间靠拢，直至髋内收肌有一定的牵拉感，保持该姿势至规定的时间。

### 要点提示

● 保持背部挺直，核心收紧。

## 躯干伸肌、背阔肌、菱形肌和臀肌-主动拉伸-动态仰卧脊椎旋转

训练目标 柔韧性、灵活性
训练部位 背部、臀部
所需器材 瑜伽垫
主要肌肉 竖脊肌、背阔肌、臀大肌

**要点提示**

- 颈部和肩部放松。
- 双腿并拢。

全程保持均匀呼吸。

**1** 身体仰卧，双膝屈曲，双脚支撑于垫面，双臂向两侧伸直，放在地面上，掌心朝下。

**2** 将髋部和双膝最大限度地向身体一侧扭转，至目标肌肉有一定的牵拉感，保持2~3秒。

**3** 回到起始姿势，换对侧重复。两侧交替进行，完成规定的次数或时间。

● 跪式起跑者弓步

**要点提示**

● 髋部向前移动，膝盖与脚尖方向一致。

训练目标　柔韧性
训练部位　髋部
所需器材　瑜伽垫
主要肌肉　髂腰肌

**1** 身体呈分腿跪姿，一侧腿在前，屈膝90度，对侧腿在后，膝关节触垫，背部挺直，双手置于前侧腿大腿上，目视前方。

**2** 髋部向前移动，同时手臂向前下方推前侧腿，直至髂腰肌有一定的牵拉感，保持该姿势至规定的时间。换对侧重复。

● 90度牵拉-手臂绕摆

训练目标　柔韧性、灵活性
训练部位　背部、肩部、胸部
所需器材　瑜伽垫
主要肌肉　肩部肌群、胸部肌群、背阔肌

全程保持均匀呼吸。

**1** 身体呈侧卧姿势，双腿屈膝90度。背部挺直，双臂伸直，双手对合。

**2** 下肢与髋关节保持稳定，以胸椎为轴，远离地面侧手臂绕过头部向身体后方伸展，头部随手转动，直至该侧手臂与躯干基本呈一条直线，目视上方。

**3** 远离地面侧手臂、头部继续向后转，目视该手方向，直至双臂侧平举，躯干前部有一定的牵拉感，保持该姿势约2秒。

**4** 回到起始姿势，完成规定的时间或次数。换对侧重复。

**要点提示**

● 保持背部挺直和髋部稳定，手臂在绕摆过程中尽量伸直。

● 泡沫轴–脚跟坐姿–胸椎灵活性牵拉

训练目标 柔韧性、灵活性
训练部位 背部、肩部、胸部
所需器材 瑜伽垫、泡沫轴
主要肌肉 背阔肌、胸部肌群、肩部肌群

**要点提示**

● 动作过程中，下肢保持稳定，头部和躯干以胸椎为轴旋转。

向外旋转时呼气，向内旋转时吸气。

**1** 身体呈俯身跪姿，臀部向下坐于脚跟上，背部尽量挺直，一侧手臂伸直置于泡沫轴上。对侧手臂屈肘，手抬起置于头后。

**2** 下肢保持稳定，以胸椎为轴，头部与躯干向一侧旋转，直至躯干前侧有一定的牵拉感，保持该姿势约2秒。回到起始姿势，完成规定的次数或时间。换对侧重复。

● 蝴蝶翅膀式

**要点提示**

● 全程背部挺直，双脚尽可能靠近髋部。

保持均匀呼吸，并随着拉伸幅度的增加加深呼吸深度。

**1** 坐于垫上，背部挺直，屈膝屈髋，双腿脚掌相对，双手握住脚尖，背部挺直。

训练目标 灵活性、柔韧性
训练部位 髋部
所需器材 瑜伽垫
主要肌肉 髋内收肌

**2** 双膝主动发力上下移动，使大腿内侧有一定的牵拉感。完成规定的时间。

## ● 腹肌-主动拉伸-眼镜蛇式

训练目标　**柔韧性**
训练部位　**腹部**
所需器材　**瑜伽垫**
主要肌肉　**腹直肌**

推起身体时呼气，还原时吸气。

**1** 身体呈俯卧姿势，双手与前臂支撑躯干。

### 要点提示

● 髋部尽可能接触垫面。

**2** 下肢不动，双臂伸直，将腹部推离垫面，直至腹部有一定的牵拉感，保持该姿势至规定的时间。

## ● 弹力带-仰卧-阔筋膜张肌拉伸

训练目标　**柔韧性**
训练部位　**髋部**
所需器材　**瑜伽垫、弹力带**
主要肌肉　**阔筋膜张肌**

全程保持均匀呼吸。

### 要点提示

● 动作过程中，拉伸腿保持伸直。

**1** 身体呈仰卧姿势，一侧腿屈膝并跨过对侧腿。将弹力带中段固定在拉伸侧的脚踝处，非拉伸侧手握住弹力带两端，保持弹力带有一定的张力。

**2** 非拉伸侧手拉动弹力带，直至髋部外侧有一定的牵拉感，保持该姿势至规定的时间。换对侧重复。

● 彩虹式

全程保持均匀呼吸。

训练目标 柔韧性

训练部位 背部、腹部

所需器材 瑜伽垫

主要肌肉 背阔肌、腹内斜肌、腹外斜肌

侧卧于垫上，双腿伸直并叠放在一起。双臂伸直约呈一条直线，下侧手撑于垫上合适的位置，使躯干下侧有一定的牵拉感，保持该姿势至规定的时间。换对侧重复。

● 蝴蝶式

均匀呼吸，并随着拉伸幅度的增加加深呼吸深度。

要点提示

● 背部和臀部接触垫面。

**1** 仰卧于垫上，屈膝屈髋90度，双手放于膝关节附近。

训练目标 柔韧性

训练部位 髋部

所需器材 瑜伽垫

主要肌肉 髋内收肌

**2** 保持屈膝屈髋的姿势，双手向外用力，让髋关节尽可能地外展至髋内收肌有一定的牵拉感，保持该姿势至规定的时间。

附录 热身与放松

211

● 猫狗式-胸椎伸展

低头时吸气，
抬头时呼气。

**1** 身体呈俯身跪姿，双臂伸直，双手撑垫，指尖朝前。核心收紧，背部挺直，与地面基本平行。目视双手方向。

**2** 收腹收臀的同时吸气，背部尽可能地向上拱起。

**3** 在呼气的过程中，背部尽可能地向下屈曲，头部抬起，目视前方。如此循环进行，完成规定的次数或时间。

其他角度展示

训练目标　**柔韧性、灵活性**

训练部位　**胸椎**

所需器材　**瑜伽垫**

主要肌肉　**背阔肌、菱形肌、腹部肌群、胸部肌群**

**要点提示**

● 双臂伸直且尽量与地面垂直，双脚脚尖触垫。

## 跪撑−胸椎旋转

向内旋转时呼气，向外旋转时吸气。

**1** 身体呈俯身跪姿，一侧手臂伸直，同侧手撑垫，指尖朝前。对侧手臂屈肘，手抬起置于头后。背部挺直，与地面基本平行，目视地面。

**2** 下肢与髋关节保持稳定，以胸椎为轴，头部与躯干向一侧旋转，直至对侧肘触及支撑臂。

**3** 头部与躯干再向对侧旋转，直至躯干前侧有一定的牵拉感。如此循环进行，完成规定的次数或时间。换对侧重复。

其他角度展示

训练目标　灵活性

训练部位　胸部、背部、肩部

所需器材　瑜伽垫

主要肌肉　胸大肌、背阔肌、肩部肌群

### 要点提示

● 保持背部挺直，身体稳定。

附录　热身与放松

213

# 参考文献

[1] 中华人民共和国教育部 . 教育部关于印发《国家学生体质健康标准（2014 年修订）》的通知 [EB/OL].(2014-07-07)[2021-02-20].

[2] 张一民 . 切实提高学生体质健康水平——《国家学生体质健康标准 (2014 年修订 )》解读 [J]. 体育教学 ,2014,34(9):5-10.

[3] 王瑞元 , 苏全生 . 运动生理学 [M]. 北京 : 人民体育出版社 ,2011.

[4]BALYI I, WAY R, HIGGS C. Long-Term Athlete Development. Champaign: Human Kinetics, 2013.

[5] 王雄 . 儿童身体训练动作手册 : 拉伸训练 [M]. 北京 : 人民邮电出版社 ,2020.

[6] 医学名词审定委员会 , 运动医学名词审定分委员会 . 运动医学名词 [M]. 北京 : 科学出版社 ,2020.

[7]ROSENTHAL M, BAIN S H, HELMS P, et al. Lung function in white children aged 4 to 19 years: I—Spirometry[J]. Thorax, 1993, 48(9): 794-802.

[8]PERALTA G,FUERTES E,GRANELL R, et al. Childhood body composition trajectories and adolescent lung function: findings from the ALSPAC study[J].American journal of respiratory and critical care medicine,2019(1):75-83.

[9]UBLOSAKKA-JONES C, TONGDEE P, PACHIRAT O, et al. Slow loaded breathing training improves blood pressure, lung capacity and arm exercise endurance for older people with treated and stable isolated systolic hypertension[J]. Experimental gerontology, 2018, 23(3): 48-53.

[10] 郭梅英 , 阎克乐 , 尚志恩 . 放松训练和腹式呼吸对应激的影响 [J]. 心理学报 ,2003,34(9):5-10.

[11] 运动生物力学编写组 . 运动生物力学 : 第 2 版 [M]. 北京 : 北京体育大学出版社 ,2020.